Jean Paré ®

Les plats fricassés

Company's Coming ®

www.**companys**coming.com
visitez notre site Web ↖ (en anglais)

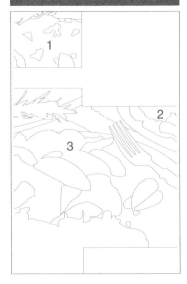

1. Poulet au cari, page 40
2. Crevettes au noir, page 69
3. Poulet aux avocats, page 43

Accessoires fournis par : Clays Handmade Tile & Ceramic
Eaton
La Baie

Les plats fricassés
Droits réservés © 2000 par Company's Coming Publishing Limited
Tous droits réservés dans le monde entier. La reproduction par quelque
moyen que ce soit de cet ouvrage est interdite sans la permission écrite
préalable de l'éditeur. Des brèves parties de cet ouvrage peuvent être
reproduites à des fins d'examen critique, à condition d'en mentionner
la source. Les critiques sont invités à communiquer avec l'éditeur pour
obtenir des renseignements supplémentaires.

Premier tirage Mars 2000

Données de catalogage avant publication (Canada)

Jean Paré
Les plats fricassés

Traduction de : Stir-Fry.
Comprend un index.
ISBN 1-895455-70-7

1. Sautés. 2. Cuisine au wok. I. Titre.
TX689.5.P3714 2000 641.7'7   C99-901574-5

Publié par
COMPANY'S COMING PUBLISHING LIMITED
2311 - 96 Street
Edmonton (Alberta) Canada T6N 1G3
Tél. : (780) 450-6223*   Téléc. : (780) 450-1857*
www.companyscoming.com*
(*en anglais)

Company's Coming et les Livres de cuisine Jean Paré sont des marques de
commerce déposées de Company's Coming Publishing Limited.
Imprimé au Canada

LIVRES DE CUISINE

Livres de cuisine de la collection Jean Paré

Livres de cuisine Jean Paré

- 150 délicieux carrés
- Déjeuner et brunches
- Délices des fêtes
- Des repas en un plat
- La cuisine pour deux
- La cuisine pour les enfants
- La cuisine sans viande
- La cuisson au micro-ondes
- Les barbecues
- Les bicuits
- Les casseroles
- Les casseroles légères
- Les conserves

- Les dîners
- Les entrés
- Les pains
- Les pâtes
- Les pizzas!
- Les plats fricassés (NOUVEAUTÉ)
- Les salades
- Les tartes
- Muffins et plus
- Poissons et fruits de mer
- Poulet, etc.
- Recettes légères

Série sélecte

- Bœuf haché
- Des repas en trente minutes
- Haricots et riz
- Sauces et marinades

Collection au goût du jour

- La cuisine faible en gras
- Les grillades (NOUVEAUTÉ)
- Les pâtes faibles en gras

Grands succès

- Pains éclairs et muffins
- Sandwiches et roulés
  (NOUVEAUTÉ, avril 2000)
- Soupes et salades
  (NOUVEAUTÉ, avril 2000)
- Trempettes, tartinades et sauces à salade

Titres individuels

- Jean Paré fête le millénaire (couverture souple)
- Jean Paré reçoit avec simplicité (couverture rigide)
- Les marmitons - Les collations (couverture souple)

Table des matières

L'histoire des Livres de cuisine Jean Paré

En grandissant, Jean Paré a compris que l'important dans la vie, c'est la famille, les amis et les petits plats mijotés à la maison. Jean tient de sa mère son appréciation de la bonne cuisine tandis que son père loua ses premiers essais. Jean quitta la maison familiale munie de recettes éprouvées et animée de son amour des chaudrons et du désir particulier de dévorer les livres de cuisine comme des romans!

"ne jamais partager une recette que l'on ne préparerait pas soi-même"

En 1963, ses quatre enfants tous entrés à l'école, Jean offrit de pourvoir la nourriture qui serait servie à l'occasion du 50e anniversaire de l'École d'agriculture de Vermilion, aujourd'hui le Collège Lakeland. Travaillant chez elle, Jean prépara un repas pour plus de mille personnes. Cette petite aventure marqua les débuts d'un florissant service de traiteur qui prospéra pendant plus de dix-huit ans et qui permit à Jean de tester une foule de nouvelles idées et de s'enquérir sur-le-champ de l'avis de ses clients — dont les assiettes vides et les mines réjouies disaient long! Qu'il s'agisse de préparer des amuse-gueule pour une réception à domicile ou de servir un repas chaud à 1 500 personnes, Jean Paré avait la réputation de servir de la bonne nourriture à un prix abordable, avec le sourire.

Souvent, les admirateurs de Jean en quête de ses secrets culinaires lui demandaient «Pourquoi n'écrivez-vous pas un livre de cuisine?». À l'automne 1980, Jean faisait équipe avec Grant Lovig, son fils, et ensemble, ils fondaient Company's Coming Publishing Ltd. qui lançait un premier titre, *150 Delicious Squares*, le 14 avril 1981. Quoique personne ne le savait à l'époque, ce livre était le premier d'une série qui deviendrait la collection de livres de cuisine la plus vendue au Canada.

L'époque où Jean Paré était installée chez elle, dans une chambre d'ami, est bel et bien révolue. Company's Coming emploie à temps plein des agents de commercialisation dans les grands centres canadiens. Le siège social de l'entreprise est établi à Edmonton (Alberta) dans des bureaux modernes conçus spécialement pour l'entreprise.

Les livres de cuisine Company's Coming sont vendus partout au Canada et aux États-Unis et dans certains pays étrangers, le tout grâce aux bons soins de Gail Lovig, la fille de Jean. La série paraît en français et en anglais et une adaptation en espagnol est vendue au Mexique. Et maintenant, on peut se procurer en d'autres formats que la collection originale à couverture souple les recettes familières de Jean Paré, toujours dans le style et la tradition qui lui ont valu la confiance de ses lecteurs.

Jean Paré a un penchant pour les recettes rapides et faciles, faites avec des ingrédients familiers. Même lorsqu'elle voyage, elle est continuellement à l'affût de nouvelles idées à partager avec les lecteurs. De retour à Edmonton, elle passe beaucoup de temps à faire des recherches et à rédiger des recettes; elle met aussi la main à la  pâte dans la cuisine d'essai. La clientèle de Jean Paré ne cesse de grossir et ce, parce que celle-ci ne dévie jamais de ce qu'elle appelle «la règle d'or de la cuisine» : ne jamais partager une recette que l'on ne préparerait pas soi-même. C'est une méthode qui a fait ses preuves — *des millions de fois!*

Avant-propos

La cuisson des aliments en les faisant fricasser ou sauter compte parmi les méthodes culinaires les plus populaires à l'heure actuelle. Peut-être est-ce parce que les plats fricassés sont sains et que leur préparation est rapide!

Cette méthode de cuisson a été inventée en Chine il y a des centaines d'années, lorsque le combustible nécessaire pour alimenter les feux de cuisson était limité. Les Chinois ont donc dû concevoir d'une méthode qui permettrait de cuire les aliments rapidement.

Traditionnellement, la cuisson des plats fricassés se faisait dans un wok. Toutefois, la forme arrondie traditionnelle du wok convient mal à la cuisson sur les éléments modernes, qui sont plats. C'est pourquoi la version moderne du wok, soit muni d'un fond plat, soit muni d'un anneau supplémentaire qui fait office de support, est celle que préfèrent la plupart des cuisinières et cuisiniers. Quoique l'on puisse faire fricasser des aliments aussi bien dans un wok que dans une poêle à frire, le wok, avec sa forme conique et ses rebords élevés, simplifie l'opération de remuer les aliments et permet d'éviter les débordements imprévus!

L'un des avantages des plats fricassés, c'est qu'ils exigent seulement une petite quantité d'huile ou de corps gras pour la cuisson. Il suffit d'assez d'huile ou d'aérosol pour la cuisson pour couvrir d'une mince couche la surface du récipient. De plus, les plats fricassés sont un excellent moyen d'intégrer une foule de légumes frais dans le régime familial et, comme les aliments cuisent rapidement, ils conservent pratiquement toute leur valeur nutritive.

Les plats fricassés contient plus de 150 recettes testées en cuisine, qui combinent un vaste assortiment de goûts, de textures et de couleurs. Outre les nombreux plats délicieux qui sont proposés ici, vous trouverez également

une section spéciale qui permet de diversifier la cuisson au wok, notamment en l'utilisant pour la friture et pour préparer des coupes.

N'attendez plus–réunissez tous vos ingrédients et préparez-vous à fricasser. Quand vous attendez de la famille ou des invités, vous pourrez désormais les nourrir en un temps, deux mouvements!

Jean Paré

Toutes les recettes ont été analysées d'après la version la plus à jour du Fichier canadien sur les éléments nutritifs de Santé Canada, qui est inspiré de la base de données sur les nutriments du ministère de l'Agriculture des États-Unis (USDA).

Margaret Ng, B. Sc. (hon.), M.A.
Diététiste

pour commencer

Les plats fricassés cuisent rapidement. Il faut donc préparer tous les ingrédients à l'avance, c'est-à-dire les hacher, les couper en dés ou en cubes ou les émincer, pour pouvoir les ajouter à la préparation au moment voulu. Il est aussi bon de préparer la sauce à l'avance.

Pour qu'un plat fricassé soit réussi, il est important de savoir à quel moment chaque ingrédient doit être ajouté et combien de temps il devrait cuire. Le petit guide qui suit donne une indication du temps de cuisson des légumes.

Légumes exigeant une cuisson plus longue (fermes) : carottes, chou-fleur, oignons

Légumes exigeant une cuisson de durée moyenne : chou, asperges, poivrons, brocoli, céleri

Légumes qui cuisent rapidement : pois à écosser, champignons, oignons verts, tomates, courgettes

Pour remuer les aliments pendant la cuisson, il faut les brasser en mouvements rapides vers le bas, de sorte que les aliments sont sans cesse déplacés pendant qu'ils cuisent. Autrement dit, il faut remuer sans arrêt les aliments pendant la cuisson. Il ne faut pas tarder à servir les plats fricassés une fois qu'ils sont prêts. Ainsi, il faut préparer à l'avance les plats d'accompagnement, par exemple, salades, nouilles ou riz, pour pouvoir servir dès que le plat fricassé est prêt.

ingrédients

Châtaignes d'eau : ce légume blanc, en forme de noix, est généralement vendu en conserve, soit entier, soit tranché. Cousines des châtaignes, elles apportent une excellente texture croquante aux plats fricassés.

Gingembre frais : il suffit de trancher la racine de gingembre en tranches d'environ 3 mm ($1/8$ po) d'épaisseur, puis de les hacher menu. On peut aussi râper la racine avec une râpe fine. Il n'est pas nécessaire d'éplucher la racine de gingembre frais. Le gingembre frais a un goût moins prononcé que le gingembre en poudre.

Huiles : les huiles de cuisson qui peuvent être chauffées à forte température sans fumer sont celles qui sont préférables pour la cuisson des plats fricassés. Les huiles végétales sont les plus communément utilisées. L'huile d'arachides, de maïs, de canola ou de sésame donne aussi des bons résultats et prête un léger parfum aux aliments. Les huiles suivantes sont aussi à essayer.

Huile de piments forts : il s'agit d'une huile épicée, obtenue par macération de piments forts. Le liquide résultant reste en suspension dans de l'huile de sésame ou de l'huile végétale. Cette huile translucide est légèrement teintée de rouge et elle convient pour tous les plats fricassés auxquels on veut donner un peu de piquant.

Huile de sésame : une huile au goût prononcé qui est extraite des graines de sésame. Elle donne un goût particulier à la viande et aux légumes fricassés. Elle résiste très bien aux températures élevées et convient particulièrement bien à la friture.

Pois à écosser (pois mange-tout) : pour les préparer, couper ou casser les extrémités des cosses et retirer la « ficelle » du haut de la cosse, sur toute la longueur. Pois surgelés (partiellement dégelés sous l'eau du robinet) ou pois frais conviennent aussi bien.

Poissons et fruits de mer : les poissons à chair ferme et la plupart des fruits de mer peuvent être cuits dans un plat fricassé. Par contre, il faut surveiller la cuisson parce que le poisson et les fruits de mer cuisent vite et qu'il est donc facile de les cuire trop longtemps, ce qui les assèche. Il faut donc que le repas complet soit prêt à servir au moment où le plat fricassé est prêt.

Sauces : les sauces ont beaucoup d'importance dans les plats fricassés. Il est important de connaître les différentes sauces et les ingrédients qu'elles contiennent. On peut aussi les adapter à ses préférences simplement en changeant la quantité d'un ou de plusieurs ingrédients ou en en ajoutant d'autres et en en omettant certains. Les sauces les plus courantes sont les suivantes.

Sauce hoisin : une sauce rougeâtre épaisse, à base de soja, d'ail, de piments forts et d'épices. On trouve différentes marques de cette sauce sucrée et épicée dans la plupart des magasins d'alimentation.

Sauce aux huîtres : une sauce brun foncé épaisse, à base d'huîtres, de saumure et de sauce soja. Elle convient avec la viande, le poisson, la volaille et les légumes. On en trouve différentes marques dans la plupart des magasins d'alimentation

Sauce soja : moins épaisse que la sauce aux huîtres, la sauce soja est foncée et salée. Elle résulte de la fermentation du soja et de blé ou d'orge grillé. Il existe différentes variétés de sauce soja, dont une à basse teneur en sodium, que bien des gens, conscients de leur alimentation, choisissent de nos jours. Il faut éviter d'ajouter du sel à une recette avant d'avoir goûté le produit final.

Tofu : le tofu est souvent utilisé par les végétariens à la place de viande. C'est d'ailleurs le tofu que l'on retrouve dans les fricassées chinoises traditionnelles. Le tofu n'a pas de goût particulier, mais il prend le goût des ingrédients qu'il accompagne. Pour les plats fricassés, il vaut mieux choisir un tofu ferme. Égoutter environ 340 g (¾ lb) de tofu et le couper en cube de 12 mm (½ po) avant de le mettre dans le wok.

Viande : comme les plats fricassés cuisent rapidement, il n'est pas possible d'attendrir les viandes. Il faut donc choisir des coupes tendres, comme du filet de bœuf, du bifteck de haut de surlonge, du bifteck de croupe, des côtelettes de longe de porc désossées ou des côtelettes de porc.

Volaille : les poitrines et cuisses de poulet dépouillées et désossées simplifient la préparation des plats fricassés. Elles sont faciles à couper, elles cuisent rapidement, elles s'accordent avec pratiquement tous les légumes et toutes les sauces, et elles contiennent peu de gras. Même si elles coûtent plus cher, leur valeur nutritive et l'absence complète de pertes en font une aubaine!

terminologie

Hacher : couper les aliments en morceaux de la taille d'une bouchée ou plus petits.

Couper en dés : couper les aliments en petits cubes de 6 mm (¼ po) de côté.

Couper en cubes : couper les aliments en cubes de 2 cm (¾ po) ou de 2,5 cm (1 po).

Couper en lanières : couper les aliments en longs filaments de 3 à 6 mm (⅛ à ¼ po) de large.

Trancher : il vaut mieux couper les aliments qui doivent cuire le plus longtemps sur la diagonale, en tranches de 3 mm (⅛ po) d'épaisseur. D'autres légumes, comme les asperges, peuvent être coupés sur le travers. Pour trancher une viande, la couper sur le travers et ôter le gras et les tendons. La viande se tranche plus facilement si elle est partiellement surgelée.

Fricassée de l'automne

Ce mélange moins commun de pomme,
d'oignon et de bœuf est assorti aux coloris de l'automne.

Jus d'orange	3/4 tasse	175 mL
Fécule de maïs	1 c. à soupe	15 mL
Eau	1 c. à soupe	15 mL
Cassonade, tassée	1 c. à soupe	15 mL
Poudre de cari	2 c. à thé	10 mL
Bouillon de bœuf liquide	1 c. à thé	5 mL
Huile de cuisson	1 c. à soupe	15 mL
Bifteck de surlonge, coupé en fines lanières de 3 mm (1/8 po)	3/4 lb	340 g
Chou, râpé fin	3 tasses	750 mL
Huile de cuisson	1 c. à thé	5 mL
Poivron rouge moyen, coupé en lanières	1/2	1/2
Oignon haché	1/2 tasse	125 mL
Petite pomme à cuire (Granny Smith par exemple), non pelée, tranchée fin	1	1
Raisins secs foncés	1/4 tasse	60 mL

Délayer la fécule de maïs dans le jus d'orange dans un petit bol. Ajouter l'eau, la cassonade, la poudre de cari et le bouillon de bœuf. Remuer. Mettre de côté.

Chauffer le wok ou la poêle à frire à feu mi-fort. Y verser la première quantité d'huile de cuisson. Ajouter le bifteck. Faire fricasser en remuant jusqu'à ce que la viande soit à point. Verser le tout dans un bol.

Mettre le chou dans le wok chaud et le faire fricasser en remuant pendant 2 minutes, jusqu'à ce qu'il commence tout juste à ramollir. L'ajouter au bifteck dans le bol.

Verser la seconde quantité d'huile dans le wok chaud. Ajouter les 4 derniers ingrédients. Faire fricasser en remuant jusqu'à ce que l'oignon soit mou. Ajouter le mélange de bœuf. Remuer le mélange de fécule de maïs et l'ajouter au mélange de bœuf. Remuer jusqu'à ce que la préparation bouille et épaississe. Donne 1 L (4 tasses). Pour 4 personnes.

1 portion : 252 calories; 8,3 g de matières grasses totales; 195 mg de sodium; 19 g de protéines; 27 g de glucides; 2 g de fibres alimentaires

Photo à la page 53.

Fricassée de bœuf en sauce pour pizza

Un plat qui se prépare rapidement, mais qui est différent des plats fricassés habituels.

Coudes	2 tasses	500 mL
Eau bouillante	3 pte	3 L
Huile de cuisson (facultatif)	1 c. à soupe	15 mL
Sel	2 c. à thé	10 mL
Huile de cuisson	1 c. à soupe	15 mL
Bœuf haché maigre	¾ lb	340 g
Petit oignon, haché	1	1
Sel, une pincée		
Poivre, une pincée		
Champignons frais, tranchés	2 tasses	500 mL
Sauce pour pizza en conserve	7½ oz	213 mL
Mozzarella partiellement écrémé, râpé	1 tasse	250 mL

Cuire les macaroni dans l'eau bouillante additionnée de la première quantité d'huile de cuisson et du sel dans une grande casserole ou un faitout découvert pendant 5 à 7 minutes, jusqu'à ce qu'ils soient tendres, mais encore fermes. Égoutter. Remettre les macaroni dans la casserole. Couvrir pour les garder au chaud.

Chauffer le wok ou la poêle à frire à feu mi-fort. Y verser la seconde quantité d'huile. Ajouter le bœuf haché et l'oignon. Faire fricasser en remuant jusqu'à ce que le bœuf ne soit plus rose. Égoutter. Saler et poivrer.

Ajouter les champignons. Faire fricasser en remuant pendant 3 à 4 minutes jusqu'à ce qu'ils soient mous.

Incorporer la sauce pour pizza et les macaroni en remuant. Remuer jusqu'à ce que la préparation soit bien réchauffée.

Répandre le fromage sur le dessus ou l'incorporer à la préparation chaude en remuant rapidement. Donne 875 mL (3½ tasses). Pour 4 personnes.

1 portion : 495 calories; 19 g de matières grasses totales; 458 mg de sodium; 31 g de protéines; 50 g de glucides; 3 g de fibres alimentaires

Bœuf à la bourguignonne

Une version rapide et facile du bœuf bourguignon traditionnel.

Eau	¾ tasse	175 mL
Farine tout usage	2 c. à soupe	30 mL
Vin rouge (ou vin rouge sans alcool)	¼ tasse	60 mL
Bouillon de bœuf en poudre	1 c. à thé	5 mL
Sel	½ c. à thé	2 mL
Poivre	¼ c. à thé	1 mL
Huile de cuisson	1 c. à soupe	15 mL
Bifteck de surlonge, coupé en fines lanières de 3 mm (⅛ po)	½ lb	225 g
Huile de cuisson	1 c. à thé	5 mL
Petits oignons perles blancs, pelés (voir Remarque)	½ lb	225 g
Petits champignons frais (ou une boîte de 284 mL, 10 oz, de champignons entiers, égouttés)	2 tasses	500 mL

Combiner graduellement l'eau et la farine dans un petit bol jusqu'à ce qu'il ne reste plus de grumeaux. Incorporer les 4 prochains ingrédients. Mettre de côté.

Chauffer le wok ou la poêle à frire à feu mi-fort. Y verser la première quantité d'huile de cuisson. Ajouter le bifteck. Faire fricasser en remuant jusqu'à ce que la viande soit à point. Verser le tout dans un bol.

Verser la seconde quantité d'huile dans le wok chaud. Ajouter les oignons et les champignons. Faire fricasser en remuant pendant 3 minutes. Ajouter le bifteck. Incorporer le mélange de farine en remuant. Remuer jusqu'à ce que la préparation bouille et épaississe. Donne 875 mL (3½ tasses). Pour 4 personnes.

1 portion : 163 calories; 6,8 g de matières grasses totales; 516 mg de sodium; 13 g de protéines; 10 g de glucides; 2 g de fibres alimentaires

Photo à la page 36.

Remarque : Ébouillanter les oignons pendant 5 minutes, les égoutter et les plonger dans de l'eau glacée pour qu'ils s'épluchent plus facilement. Il suffit ensuite d'en pincer la base pour qu'ils se dégagent simplement de leur enveloppe.

Lorsqu'on cuit des viandes, pour éviter qu'elles ne bouillent dans leur jus, il faut en cuire seulement environ 450 g (1 lb) ou moins à la fois. Si la viande rend du jus en cuisant, augmentez légèrement la chaleur et continuez à faire fricasser la viande en remuant, jusqu'à ce qu'il ne reste plus de liquide et que la viande soit dorée.

Bœuf aux légumes

Ce plat fricassé est légèrement parfumé au cari.

Sauce soja à basse teneur en sodium	2 c. à thé	10 mL
Fécule de maïs	1 c. à soupe	15 mL
Sauce aux huîtres	2 c. à thé	10 mL
Jus de pomme	1/3 tasse	75 mL
Bouillon de poulet en poudre	1 c. à thé	5 mL
Poudre de cari	1/4 c. à thé	1 mL
Gingembre moulu	1/4 c. à thé	1 mL
Huile de cuisson	1 c. à soupe	15 mL
Bifteck de surlonge, coupé en fines lanières de 3 mm (1/8 po)	3/4 lb	340 g
Huile de cuisson	1 c. à thé	5 mL
Petit oignon, tranché	1	1
Céleri, haché ou tranché	1/3 tasse	75 mL
Poivron vert moyen, émincé	1/2	1/2
Poivron rouge moyen, émincé	1/2	1/2
Poivron jaune moyen, émincé	1/2	1/2
Gousses d'ail, émincées (ou 2 mL, 1/2 c. à thé, de poudre d'ail)	2	2
Pois à écosser surgelés, partiellement dégelés (ou 500 mL, 2 tasses, de pois frais)	6 oz	170 g

Délayer la fécule de maïs dans la sauce soja dans un petit bol. Ajouter les 5 prochains ingrédients. Remuer. Mettre de côté.

Chauffer le wok ou la poêle à frire à feu mi-fort. Y verser la première quantité d'huile de cuisson. Ajouter le bifteck. Faire fricasser en remuant jusqu'à ce que la viande soit à point. Verser le tout dans un bol.

Verser la seconde quantité d'huile dans le wok chaud. Ajouter l'oignon, le céleri, les poivrons et l'ail. Faire fricasser en remuant pendant 3 minutes jusqu'à ce que les légumes soient mous et les ajouter au bifteck.

Faire fricasser les pois en remuant jusqu'à ce qu'ils soient tendres, mais encore croquants. Ajouter le mélange de bœuf. Remuer le mélange de fécule de maïs et l'ajouter au mélange de bœuf. Remuer jusqu'à ce que la préparation bouille et épaississe. Donne 1 L (4 tasses). Pour 4 personnes.

1 portion : 201 calories; 8,1 g de matières grasses totales; 534 mg de sodium; 19 g de protéines; 13 g de glucides; 2 g de fibres alimentaires

Bœuf à l'orientale

Un plat bourré de gros morceaux de bœuf, d'oignon et de brocoli.

Eau	⅓ tasse	75 mL
Fécule de maïs	2 c. à thé	10 mL
Sauce soja à basse teneur en sodium	1 c. à soupe	15 mL
Sherry (ou sherry sans alcool)	2 c. à thé	10 mL
Poudre d'ail	¼ c. à thé	1 mL
Gingembre moulu	⅛ c. à thé	0,5 mL
Bouillon de bœuf en poudre	1 c. à thé	5 mL
Sel	½ c. à thé	2 mL
Poivre	⅛ c. à thé	0,5 mL
Huile de cuisson	1 c. à soupe	15 mL
Bifteck de surlonge, coupé en fines lanières de 3 mm (⅛ po)	¾ lb	340 g
Petit oignon, coupé en 6 quartiers et défait	1	1
Bouquets de brocoli	2 tasses	500 mL
Eau	2 c. à soupe	30 mL

Délayer la fécule de maïs dans la première quantité d'eau dans un petit bol. Ajouter les 7 prochains ingrédients. Remuer. Mettre de côté.

Chauffer le wok ou la poêle à frire à feu mi-fort. Ajouter l'huile de cuisson. Ajouter le bifteck et l'oignon. Faire fricasser en remuant environ 4 minutes jusqu'à ce que la viande soit à point. Verser le tout dans un bol.

Mettre le brocoli et la seconde quantité d'eau dans le wok chaud. Couvrir. Cuire à la vapeur pendant 3 minutes. Ajouter le mélange de bœuf. Remuer le mélange de fécule de maïs et l'ajouter au mélange de bœuf. Remuer jusqu'à ce que la préparation bouille et épaississe. Donne 875 mL (3½ tasses). Pour 4 personnes.

1 portion : 162 calories; 6,8 g de matières grasses totales; 694 mg de sodium; 19 g de protéines; 6 g de glucides; 1 g de fibres alimentaires

Photo à la page 71.

 *Pour conserver du gingembre frais pendant une à trois semaines, enveloppez-le dans un torchon et conservez-le au réfrigérateur. Vous pouvez également le conserver au congélateur pendant plusieurs mois.*

Bœuf sauce moutarde

Ce plat savoureux est coloré de vert et d'orange.

Eau	½ tasse	125 mL
Fécule de maïs	1 c. à soupe	15 mL
Bouillon de bœuf en poudre	1½ c. à thé	7 mL
Huile de cuisson	1 c. à soupe	15 mL
Bifteck de surlonge, coupé en fines lanières de 3 mm (⅛ po)	¾ lb	340 g
Sel, une pincée		
Poivre, une pincée		
Carottes moyennes, coupées en bâtonnets fins	2	2
Eau	⅓ tasse	75 mL
Pois à écosser frais (ou ½ × 170 g, ½ × 6 oz, de pois surgelés, partiellement dégelés)	1 tasse	250 mL
Graines de moutarde	½ c. à thé	2 mL
Thym déshydraté	⅛ c. à thé	0,5 mL

Délayer la fécule de maïs et le bouillon en poudre dans la première quantité d'eau dans un petit bol. Mettre de côté.

Chauffer le wok ou la poêle à frire à feu mi-fort. Y verser l'huile de cuisson. Ajouter le bifteck. Faire fricasser en remuant jusqu'à ce que la viande soit à point. Saler et poivrer. Verser le tout dans un bol.

Ajouter les carottes et la seconde quantité d'eau dans le wok chaud. Baisser le feu au réglage moyen. Couvrir. Cuire à la vapeur pendant 5 minutes.

Ajouter les pois, les graines de moutarde et le thym. Faire fricasser en remuant environ 2 minutes. Ajouter le bifteck. Remuer le mélange de fécule de maïs et l'ajouter au mélange de bœuf. Remuer jusqu'à ce que la préparation bouille et épaississe. Donne 875 mL (3½ tasses). Pour 4 personnes.

1 portion : 176 calories; 7 g de matières grasses totales; 275 mg de sodium; 19 g de protéines; 9 g de glucides; 2 g de fibres alimentaires

 *conseil*   *Pour écourter le temps nécessaire pour faire fricasser des aliments, mettez les légumes surgelés dans une passoire, rincez-les à l'eau chaude et égouttez-les complètement. L'opération complète ne prend qu'une minute!*

Bœuf au munster

Un plat riche, épicé, qui regorge de fromage et
qui remplit bien. Servir sur des nouilles chaudes.

Sauce tomate	7½ oz	213 mL
Sucre granulé	1 c. à thé	5 mL
Origan entier déshydraté	¼ c. à thé	1 mL
Basilic déshydraté	¼ c. à thé	1 mL
Poudre d'ail	⅛ c. à thé	0,5 mL
Sel	½ c. à thé	2 mL
Poivre	⅛ c. à thé	0,5 mL
Huile de cuisson	1 c. à soupe	15 mL
Bifteck de surlonge, coupé en fines lanières de 3 mm (⅛ po)	¾ lb	340 g
Parmesan râpé	2 c. à soupe	30 mL
Munster, râpé	1 tasse	250 mL

Mettre les 7 premiers ingrédients dans un petit bol. Remuer. Mettre de côté.

Chauffer le wok ou la poêle à frire à feu mi-fort. Y verser l'huile de cuisson. Ajouter le bifteck. Faire fricasser en remuant jusqu'à ce que la viande soit à point. Ajouter le mélange de sauce tomate. Faire fricasser en remuant jusqu'à ce que la préparation bouillonne.

Incorporer le parmesan en remuant. On peut incorporer le munster en remuant ou le répandre sur le dessus du plat. Donne 500 mL (2 tasses). Pour 4 personnes.

1 portion : 273 calories; 16,4 g de matières grasses totales; 944 mg de sodium; 26 g de protéines;
6 g de glucides; 1 g de fibres alimentaires

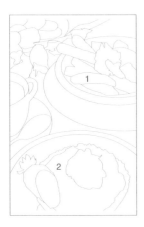

1. Mangues, page 58
2. Bananes aux fraises, page 61

Accessoires fournis par : Chintz & Company
Le Gnome

Bœuf et pak choi au gingembre

Il faut servir ce plat dès qu'il est prêt parce que le pak choi flétrit rapidement.

Eau	⅓ tasse	75 mL
Fécule de maïs	1 c. à soupe	15 mL
Sherry (ou sherry sans alcool)	2 c. à soupe	30 mL
Sauce soja à basse teneur en sodium	1 c. à soupe	15 mL
Bouillon de bœuf en poudre	1 c. à thé	5 mL
Gingembre frais, râpé	1 c. à soupe	15 mL
Sucre granulé	1½ c. à thé	7 mL
Sel	¼ c. à thé	1 mL
Huile de cuisson	1 c. à soupe	15 mL
Bifteck de surlonge, coupé en fines lanières de 3 mm (⅛ po)	¾ lb	340 g
Pak choi, haché et tassé	4 tasses	1 L

Délayer la fécule de maïs dans l'eau dans un petit bol. Ajouter les 6 prochains ingrédients. Remuer. Mettre de côté.

Chauffer le wok ou la poêle à frire à feu mi-fort. Y verser l'huile de cuisson. Ajouter le bifteck. Faire fricasser en remuant jusqu'à ce que la viande soit presque cuite. Remuer le mélange de fécule de maïs. L'ajouter au mélange de bœuf et remuer jusqu'à ce que la préparation bouille et épaississe.

Ajouter le pak choi. Remuer jusqu'à ce qu'il commence à flétrir. Donne 750 mL (3 tasses). Pour 4 personnes.

1 portion : 165 calories; 6,8 g de matières grasses totales; 560 mg de sodium; 18 g de protéines; 6 g de glucides; 1 g de fibres alimentaires

1. Bœuf et courgettes, page 20

Accessoires fournis par : Chintz & Company
Salisbury Greenhouses
La Baie

Bœuf et courgettes

Un plat merveilleux, à compléter avec des nouilles chaudes et du pain à l'ail.

Eau	¼ tasse	60 mL
Fécule de maïs	2 c. à thé	10 mL
Vinaigre blanc	1 c. à soupe	15 mL
Sucre granulé	½ c. à thé	2 mL
Sel à l'oignon	⅛ c. à thé	0,5 mL
Sel à l'ail	¼ c. à thé	1 mL
Origan entier déshydraté	⅛ c. à thé	0,5 mL
Thym moulu, juste une pincée		
Huile d'olive (ou de cuisson)	1 c. à soupe	15 mL
Bifteck de surlonge, coupé en fines lanières de 3 mm (⅛ po)	¾ lb	340 g
Sel, une pincée		
Poivre, une pincée		
Huile d'olive (ou de cuisson)	1 c. à thé	5 mL
Courgettes de 20 cm (8 po) de long non pelées, tranchées fin	1	1
Tomates cerises, en moitié	1 tasse	250 mL
Parmesan râpé, une pincée (facultatif)		

Délayer la fécule de maïs dans l'eau dans un petit bol. Ajouter les 6 prochains ingrédients. Remuer. Mettre de côté.

Chauffer le wok ou la poêle à frire à feu mi-fort. Y verser la première quantité d'huile d'olive. Ajouter le bifteck. Faire fricasser en remuant jusqu'à ce que la viande soit à point. Saler et poivrer. Verser le tout dans un bol.

Verser la seconde quantité d'huile d'olive dans le wok chaud. Ajouter les courgettes. Faire fricasser en remuant pendant 2 à 3 minutes jusqu'à ce qu'elles soient tendres, mais encore croquantes. Ajouter le bifteck.

Ajouter les tomates cerises coupées. Remuer le mélange de fécule de maïs. L'ajouter au mélange de bœuf et remuer jusqu'à ce que la préparation bouille et épaississe. Saupoudrer de parmesan. Donne 875 mL (3½ tasses). Pour 4 personnes.

1 portion : 160 calories; 7,9 g de matières grasses totales; 170 mg de sodium; 18 g de protéines; 5 g de glucides; 1 g de fibres alimentaires

Photo à la page 18.

Bœuf, brocoli et ananas

Le Cayenne n'est pas trop prononcé, mais présent. On peut en rajouter au goût.

Sauce soja à basse teneur en sodium	2 c. à soupe	30 mL
Fécule de maïs	2 c. à soupe	30 mL
Sauce aux huîtres	2 c. à thé	10 mL
Vinaigre blanc	1½ c. à soupe	25 mL
Jus d'ananas réservé	¾ tasse	175 mL
Huile de cuisson	1 c. à soupe	15 mL
Bifteck de surlonge, coupé en fines lanières de 3 mm (⅛ po)	¾ lb	340 g
Poivre de Cayenne	½ c. à thé	2 mL
Huile de cuisson	1 c. à thé	5 mL
Brocoli (bouquets et tiges épluchées), tranché	2 tasses	500 mL
Petit pak choi, tranché	1	1
Petits morceaux d'ananas, en conserve, égouttés, jus réservé	14 oz	398 mL
Graines de sésame, grillées	2 c. à soupe	30 mL

Délayer la fécule de maïs dans la sauce soja dans un petit bol. Ajouter les 3 prochains ingrédients. Remuer. Mettre de côté.

Chauffer le wok ou la poêle à frire à feu mi-fort. Y verser la première quantité d'huile de cuisson. Ajouter le bifteck. Faire fricasser en remuant jusqu'à ce que la viande soit à point. Saupoudrer de Cayenne. Verser le tout dans un bol.

Mettre la seconde quantité d'huile et le brocoli dans le wok chaud. Faire fricasser en remuant pendant 3 minutes.

Ajouter le pak choi. Faire fricasser en remuant pendant 1 minute. Ajouter le bifteck.

Ajouter l'ananas. Remuer pour réchauffer le tout. Remuer le mélange de fécule de maïs. L'ajouter au mélange de bœuf et remuer jusqu'à ce que la préparation bouille et épaississe.

Répandre les graines de sésame sur le dessus. Donne 1,5 L (6 tasses). Pour 6 personnes.

1 portion : 192 calories; 7 g de matières grasses totales; 409 mg de sodium; 14 g de protéines; 20 g de glucides; 3 g de fibres alimentaires

Méli-mélo de bœuf

Un souper rapide.

Bœuf haché maigre	¾ lb	340 g
Oignon haché	¼ tasse	60 mL
Poivron vert ou orange, haché	3 c. à soupe	50 mL
Sauce tomate	7½ oz	213 mL
Riz instantané	½ tasse	125 mL
Maïs en grains, en conserve, égoutté	12 oz	341 mL
Sucre granulé	½ c. à thé	2 mL
Sauce Worcestershire	½ c. à thé	2 mL
Sel	1 c. à thé	5 mL
Poivre	¼ c. à thé	1 mL

Chauffer un wok ou une poêle à frire à revêtement antiadhésif à feu mi-fort. Faire fricasser le bœuf haché, l'oignon et le poivron en remuant jusqu'à ce que le bœuf ne soit plus rose. Égoutter.

Ajouter la sauce tomate, le riz, le maïs, le sucre, la sauce Worcestershire, le sel et le poivre. Porter à ébullition en remuant. Réduire le feu au réglage moyen-doux. Couvrir. Laisser mijoter pendant 5 minutes. Donne 1 L (4 tasses). Pour 4 personnes.

1 portion : 248 calories; 7,5 g de matières grasses totales; 1 216 mg de sodium; 19 g de protéines; 28 g de glucides; 2 g de fibres alimentaires

Bœuf aux noix de cajou

Un plat foncé, à servir sur du riz basmati chaud ou avec un autre riz. Les noix lui donnent un goût particulier.

Eau	⅓ tasse	75 mL
Fécule de maïs	1 c. à soupe	15 mL
Bouillon de bœuf en poudre	1 c. à thé	5 mL
Sauce soja à basse teneur en sodium	1 c. à soupe	15 mL
Sauce chili	1 c. à thé	5 mL
Poudre d'ail	¼ c. à thé	1 mL
Gingembre moulu	⅛ c. à thé	0,5 mL
Huile de cuisson	1 c. à soupe	15 mL
Bifteck de surlonge, coupé en fines lanières de 3 mm (⅛ po)	¾ lb	340 g
Mini-carottes surgelées, partiellement dégelées	10 oz	285 g
Eau	2 c. à soupe	30 mL
Oignons verts, tranchés	3	3
Noix de cajou	½ tasse	125 mL

(suite...)

Bœuf

Délayer la fécule de maïs dans la première quantité d'eau dans un petit bol. Ajouter les 5 prochains ingrédients. Remuer. Mettre de côté.

Chauffer le wok ou la poêle à frire à feu mi-fort. Y verser l'huile de cuisson. Ajouter le bifteck. Faire fricasser en remuant jusqu'à ce que la viande soit à point. Verser le tout dans un bol.

Mettre les carottes et la seconde quantité d'eau dans le wok chaud. Couvrir. Cuire à la vapeur pendant 5 minutes.

Ajouter les oignons verts et les noix. Faire fricasser en remuant pendant 1 minute. Remuer le mélange de fécule de maïs. L'ajouter aux légumes et remuer jusqu'à ce que la préparation bouille et épaississe. Ajouter le bifteck. Remuer pour réchauffer le tout. Donne 900 mL (3⅔ tasses). Pour 4 personnes.

1 portion : 253 calories; 15,1 g de matières grasses totales; 349 mg de sodium; 20 g de protéines; 10 g de glucides; 1 g de fibres alimentaires

Photo à la page 35.

Fricassée de bœuf et de riz

Le céleri est croquant. Les pois donnent du goût et de la couleur.

Ketchup	2 c. à soupe	30 mL
Eau	2 c. à soupe	30 mL
Poudre d'ail	½ c. à thé	2 mL
Sauce Worcestershire	2 c. à thé	10 mL
Sachet de préparation de soupe à l'oignon	1 × 1¼ oz	1 × 38 g
Huile de cuisson	1 c. à soupe	15 mL
Bœuf haché maigre	¾ lb	340 g
Céleri, haché fin	1 tasse	250 mL
Petits pois surgelés	1 tasse	250 mL
Riz instantané	1 tasse	250 mL
Eau bouillante	1 tasse	250 mL

Mettre les 5 premiers ingrédients dans un petit bol. Remuer. Mettre de côté.

Chauffer le wok ou la poêle à frire à feu mi-fort. Y verser l'huile de cuisson. Ajouter le bœuf haché et le céleri. Faire fricasser en remuant environ 5 minutes, jusqu'à ce que le bœuf ne soit plus rose. Égoutter.

Ajouter les petits pois. Faire fricasser en remuant environ 1 minute. Ajouter le mélange de ketchup et remuer environ 5 minutes, jusqu'à ce que la préparation bouillonne.

Ajouter le riz et l'eau bouillante. Couvrir. Retirer du feu. Laisser reposer pendant 5 à 7 minutes. Donne 750 mL (3 tasses). Pour 4 personnes.

1 portion : 332 calories; 11,3 g de matières grasses totales; 1 082 mg de sodium; 21 g de protéines; 36 g de glucides; 3 g de fibres alimentaires

Bœuf de l'Extrême-Orient

La sauce brune et épaisse nappe les nouilles pâles.

Vermicelle de riz	3 oz	85 g
Eau		
Sauce soja à basse teneur en sodium	2 c. à soupe	30 mL
Fécule de maïs	2 c. à thé	10 mL
Vinaigre blanc	1½ c. à soupe	25 mL
Sucre granulé	1 c. à soupe	15 mL
Piments rouges du Chili broyés	⅛ c. à thé	0,5 mL
Huile de cuisson	1 c. à soupe	15 mL
Bifteck de surlonge, coupé en fines lanières de 3 mm (⅛ po)	¾ lb	340 g
Oignon, tranché	1 tasse	250 mL
Gingembre frais, râpé	2 c. à thé	10 mL
Huile de cuisson	1 c. à thé	5 mL
Poivron rouge, émincé	½ tasse	125 mL
Haricots verts surgelés, partiellement dégelés, coupés en longueurs de 2,5 cm (1 po)	1 tasse	250 mL
Champignons frais, tranchés	1 tasse	250 mL
Germes de soja fraîches	3 tasses	750 mL

Préparer le vermicelle en suivant le mode d'emploi. Égoutter. Les couvrir pour les garder au chaud.

Délayer la fécule de maïs dans la sauce soja dans une tasse. Ajouter le vinaigre, le sucre et les piments broyés. Remuer. Mettre de côté.

Chauffer le wok ou la poêle à frire à feu mi-fort. Y verser la première quantité d'huile de cuisson. Ajouter le bifteck, l'oignon et le gingembre. Faire fricasser en remuant jusqu'à ce que le bifteck soit à point et que l'oignon soit mou. Verser le tout dans un bol.

Verser la seconde quantité d'huile dans le wok chaud. Ajouter le poivron rouge, les haricots et les champignons. Faire fricasser en remuant environ 3 minutes. Ajouter le mélange de bœuf.

Ajouter les germes de soja. Remuer le mélange de fécule de maïs et l'ajouter au mélange de bœuf. Remuer jusqu'à ce que la préparation bouille et épaississe. Donne 1,5 L (6 tasses), sans les nouilles. Verser la préparation sur le vermicelle. Pour 6 personnes.

1 portion : 222 calories; 5,5 g de matières grasses totales; 242 mg de sodium; 15 g de protéines; 29 g de glucides; 2 g de fibres alimentaires

Photo à la page 71.

Bœuf et épinards

Tout un assortiment de goûts et de couleurs. Particulièrement bon avec des épinards frais.

Sauce soja à basse teneur en sodium	3 c. à soupe	50 mL
Fécule de maïs	1 c. à thé	5 mL
Sucre granulé	1 c. à thé	5 mL
Gingembre moulu	¼ c. à thé	1 mL
Poudre d'ail	¼ c. à thé	1 mL
Piments rouges du Chili broyés	¼ c. à thé	1 mL
Nouilles aux œufs fines	8 oz	225 g
Eau bouillante	2½ pte	2,5 L
Huile de cuisson (facultatif)	1 c. à soupe	15 mL
Sel	2 c. à thé	10 mL
Huile de cuisson	1 c. à soupe	15 mL
Bifteck de surlonge, coupé en fines lanières de 3 mm (⅛ po)	¾ lb	340 g
Sel, une pincée		
Poivre, une pincée		
Huile de cuisson	1 c. à thé	5 mL
Petit oignon rouge, tranché	1	1
Épinards frais, tranchés, légèrement tassés	4 tasses	1 L
Germes de soja fraîches	1 tasse	250 mL
Noix de muscade moulue	¼ c. à thé	1 mL
Oignons verts, hachés	2	2

Délayer la fécule de maïs dans la sauce soja dans une tasse. Ajouter le sucre, le gingembre, la poudre d'ail et les piments. Remuer. Mettre de côté.

Cuire les nouilles dans l'eau bouillante additionnée de la première quantité d'huile de cuisson et de sel dans une grande casserole ou un faitout découvert pendant 4 à 6 minutes, jusqu'à ce qu'elles soient tendres, mais encore fermes. Égoutter. Remettre les nouilles dans la casserole et les couvrir pour les garder au chaud.

Chauffer le wok ou la poêle à frire à feu mi-fort. Y verser la deuxième quantité d'huile. Ajouter le bifteck. Faire fricasser en remuant jusqu'à ce que la viande soit à point. Saler et poivrer. Verser le tout dans un bol.

Verser la troisième quantité d'huile dans le wok chaud. Y ajouter l'oignon rouge et le faire fricasser en remuant pendant 2 minutes. Ajouter les épinards, les germes de soja et la muscade. Faire fricasser en remuant pendant 1 minute. Ajouter le bifteck et les nouilles. Remuer pour réchauffer le tout.

Remuer le mélange de fécule de maïs et l'ajouter au mélange de bœuf. Remuer jusqu'à ce que la préparation bouille et épaississe. Répandre les oignons verts sur le dessus. Donne 1,75 L (7 tasses). Pour 6 personnes.

1 portion : 267 calories; 7 g de matières grasses totales; 380 mg de sodium; 19 g de protéines; 32 g de glucides; 2 g de fibres alimentaires

Bœuf en sauce au gingembre

Une sauce riche, foncée et épaisse. Servir ce plat délicieux sur un lit de riz chaud.

MARINADE		
Sauce soja à basse teneur en sodium	3 c. à soupe	50 mL
Fécule de maïs	1 c. à soupe	15 mL
Sherry (ou sherry sans alcool)	1 c. à soupe	15 mL
Sucre granulé	1 c. à thé	5 mL
Piments rouges du Chili broyés	¼ c. à thé	1 mL
Gingembre moulu	¼ c. à thé	1 mL
Poudre d'ail	¼ c. à thé	1 mL
Sel	¼ c. à thé	1 mL
Bifteck de surlonge, coupé en fines lanières de 3 mm (⅛ po)	¾ lb	340 g
Eau	¾ tasse	175 mL
Fécule de maïs	1 c. à soupe	15 mL
Huile de cuisson	1 c. à thé	5 mL
Gros oignon, tranché	1	1
Sucre granulé	1 c. à thé	5 mL
Huile de cuisson	1 c. à soupe	15 mL
Oignons verts, tranchés, pour décorer	2	2

Marinade : Combiner la sauce soja et la première quantité de fécule de maïs dans un bol moyen. Ajouter les 6 prochains ingrédients. Remuer.

Ajouter le bifteck. Couvrir. Laisser mariner au réfrigérateur pendant 30 minutes.

Délayer la fécule de maïs dans la seconde quantité d'eau dans une tasse. Mettre de côté.

Chauffer le wok ou la poêle à frire à feu mi-fort. Y verser la première quantité d'huile de cuisson. Ajouter l'oignon et le faire fricasser en remuant pendant 4 à 5 minutes.

Saupoudrer l'oignon de sucre et le faire fricasser en remuant pendant 4 à 5 minutes de plus, jusqu'à ce qu'il soit doré.

Ajouter la seconde quantité d'huile à l'oignon. Retirer le bifteck de la marinade avec une écumoire. Réserver la marinade. Mettre le bifteck dans le wok chaud et le faire fricasser en remuant pendant 2 à 3 minutes, jusqu'à ce qu'il soit à point. Ajouter la marinade. Remuer le mélange de fécule de maïs et l'ajouter au mélange de bœuf. Remuer jusqu'à ce que la préparation bouille et épaississe.

Répandre les oignons verts sur le dessus. Pour 4 personnes.

1 portion : 192 calories; 7,8 g de matières grasses totales; 680 mg de sodium; 19 g de protéines; 11 g de glucides; 1 g de fibres alimentaires

Bœuf à la méditerranéenne

Du bœuf tendre accompagné de légumes
assaisonnés aux fines herbes. Les tomates couronnent le tout.

Eau	½ tasse	125 mL
Fécule de maïs	1 c. à soupe	15 mL
Origan entier déshydraté	½ c. à thé	2 mL
Basilic déshydraté	½ c. à thé	2 mL
Bouillon de bœuf en poudre	1 c. à thé	5 mL
Sel	1 c. à thé	5 mL
Poivre	1 c. à thé	5 mL
Huile de cuisson	1 c. à soupe	15 mL
Bifteck de surlonge, coupé en fines lanières de 3 mm (⅛ po)	¾ lb	340 g
Huile de cuisson	1 c. à thé	5 mL
Carottes, en tranches très fines	½ tasse	125 mL
Haricots verts coupés surgelés, partiellement dégelés	½ tasse	125 mL
Huile de cuisson	½ c. à thé	2 mL
Courgettes non pelées, tranchées fin	½ tasse	125 mL
Champignons frais, tranchés	1 tasse	250 mL
Tomates italiennes moyennes, épépinées et coupées en cubes	3	3

Parmesan râpé, une pincée

Délayer la fécule de maïs dans l'eau dans un petit bol. Ajouter les 5 prochains ingrédients. Remuer. Mettre de côté.

Chauffer le wok ou la poêle à frire à feu mi-fort. Y verser la première quantité d'huile de cuisson. Ajouter le bifteck. Faire fricasser en remuant pendant 1 à 2 minutes, jusqu'à ce qu'il soit à point. Verser le tout dans un bol.

Verser la deuxième quantité d'huile dans le wok chaud. Ajouter les carottes et les haricots. Faire fricasser en remuant pendant 2 à 3 minutes. Ajouter les légumes au bifteck, dans le bol.

Verser la troisième quantité d'huile dans le wok chaud. Ajouter les courgettes et les champignons. Faire fricasser en remuant environ 2 minutes. Ajouter le mélange de bœuf et de légumes.

Ajouter les tomates. Remuer le mélange de fécule de maïs et l'ajouter au mélange de bœuf. Remuer jusqu'à ce que la préparation bouille et épaississe.

Répandre le parmesan sur le dessus. Donne 1 L (4 tasses). Pour 4 personnes.

1 portion : 188 calories; 8,1 g de matières grasses totales; 881 mg de sodium; 19 g de protéines; 11 g de glucides; 3 g de fibres alimentaires

Photo à la page 72.

Bœuf

Bœuf et bouclettes

On peut augmenter la quantité de piments broyés au goût.

Bouclettes	8 oz	225 g
Eau bouillante	3 pte	3 L
Huile de cuisson (facultatif)	1 c. à soupe	15 mL
Sel	2 c. à thé	10 mL
Huile de cuisson	1 c. à soupe	15 mL
Bifteck de surlonge, coupé en fines lanières de 3 mm (⅛ po)	¾ lb	340 g
Sel, une pincée		
Poivre, une pincée		
Huile de cuisson	1 c. à thé	5 mL
Champignons frais, tranchés	2 tasses	500 mL
Poivron rouge moyen, coupé en carrés de 2 cm (¾ po)	1	1
Piments rouges du Chili broyés	⅛ c. à thé	0,5 mL
Parmesan râpé	2 c. à soupe	30 mL
Persil frais, haché	2 c. à soupe	30 mL

Parmesan râpé, une pincée

Cuire les pâtes dans l'eau bouillante additionnée de la première quantité d'huile de cuisson et de sel dans une grande casserole ou un faitout découvert pendant 12 à 14 minutes, jusqu'à ce qu'elles soient tendres, mais encore fermes. Égoutter. Remettre les bouclettes dans la casserole et les couvrir pour les garder au chaud.

Chauffer le wok ou la poêle à frire à feu mi-fort. Y verser la deuxième quantité d'huile. Ajouter le bifteck. Faire fricasser en remuant jusqu'à ce que la viande soit à point. Saler et poivrer. Verser le tout dans un bol.

Verser la troisième quantité d'huile dans le wok chaud. Ajouter les champignons, le poivron rouge et les piments broyés. Faire fricasser en remuant pendant 2 à 3 minutes, jusqu'à ce qu'ils soient mous. Ajouter le bifteck. Réchauffer le tout.

Ajouter le parmesan et le persil. Remuer. Étaler les pâtes sur un plat de service ou sur 4 assiettes individuelles. Dresser le mélange de bœuf sur les pâtes, à la cuillère.

Répandre le parmesan sur le dessus. Pour 4 personnes.

1 portion : 379 calories; 9,8 g de matières grasses totales; 103 mg de sodium; 26 g de protéines; 45 g de glucides; 2 g de fibres alimentaires

Photo à la page 35.

Bœuf et brocoli

Un joli assortiment de couleurs, qui en met plein la vue!

Nouilles larges	8 oz	225 g
Eau bouillante	3 pte	3 L
Huile de cuisson (facultatif)	1 c. à soupe	15 mL
Sel	2 c. à thé	10 mL
Eau	½ tasse	125 mL
Fécule de maïs	1 c. à soupe	15 mL
Sauce Worcestershire	1 c. à thé	5 mL
Sauce soja à basse teneur en sodium	2 c. à soupe	30 mL
Huile de cuisson	1 c. à soupe	15 mL
Bifteck de surlonge, coupé en fines lanières de 3 mm (⅛ po)	¾ lb	340 g
Gousse d'ail, émincée (ou 1 mL, ¼ c. à thé, de poudre d'ail), facultatif	1	1
Huile de cuisson	1 c. à thé	5 mL
Bouquets de brocoli	1 tasse	250 mL
Champignons frais, tranchés	1 tasse	250 mL
Châtaignes d'eau tranchées, en conserve, égouttées	8 oz	227 mL
Tomates cerises, en moitiés	12	12
Piments doux, tranchés ou hachés	2 oz	57 mL

Cuire les nouilles dans l'eau bouillante additionnée de la première quantité d'huile de cuisson et de sel dans une grande casserole ou un faitout découvert pendant 5 à 7 minutes, jusqu'à ce qu'elles soient tendres, mais encore fermes. Égoutter. Remettre les nouilles dans la casserole et les couvrir pour les garder au chaud.

Délayer la fécule de maïs dans l'eau dans un petit bol. Incorporer la sauce Worcestershire et la sauce soja en remuant. Mettre de côté.

Chauffer le wok ou la poêle à frire à feu mi-fort. Y verser la deuxième quantité d'huile. Ajouter le bifteck et l'ail. Faire fricasser en remuant pendant 3 à 4 minutes, jusqu'à ce que la viande soit à point. Verser le tout dans un bol.

Verser la troisième quantité d'huile dans le wok chaud. Ajouter le brocoli, les champignons et les châtaignes d'eau. Faire fricasser en remuant environ 3 minutes. Ajouter le mélange de bœuf.

Ajouter les tomates cerises et les piments doux. Remuer le mélange de fécule de maïs et l'ajouter au mélange de bœuf. Remuer jusqu'à ce que la préparation bouille et épaississe. Étaler les pâtes sur un plat de service ou sur 4 assiettes individuelles. Dresser le mélange de bœuf sur les pâtes, à la cuillère. Pour 4 personnes.

1 portion : 412 calories; 9 g de matières grasses totales; 386 mg de sodium; 27 g de protéines; 55 g de glucides; 3 g de fibres alimentaires

Bœuf et haricots verts

Les haricots verts entiers sont jolis dans ce plat.

Sauce soja à basse teneur en sodium	2 c. à soupe	30 mL
Fécule de maïs	1 c. à soupe	15 mL
Eau	¼ tasse	60 mL
Sucre granulé	1 c. à thé	5 mL
Sauce Worcestershire	1 c. à thé	5 mL
Jus d'orange	1 c. à soupe	15 mL
Sel assaisonné	½ c. à thé	2 mL
Huile de cuisson	1 c. à soupe	15 mL
Bifteck de surlonge, coupé en fines lanières de 3 mm (⅛ po)	¾ lb	340 g
Oignon rouge, émincé	½ tasse	125 mL
Haricots verts entiers surgelés, partiellement dégelés	1 lb	454 g
Sel, une pincée		
Poivre, une pincée		

Délayer la fécule de maïs dans la sauce soja dans un petit bol. Ajouter les 5 prochains ingrédients. Remuer. Mettre de côté.

Chauffer le wok ou la poêle à frire à feu mi-fort. Y verser l'huile de cuisson. Ajouter le bifteck et l'oignon. Faire fricasser en remuant jusqu'à ce que le bifteck soit à point et que l'oignon soit mou. Verser le tout dans un bol.

Mettre les haricots verts dans le wok chaud. Faire fricasser en remuant jusqu'à ce qu'ils soient tendres, mais encore croquants. Ajouter le bifteck. Saler et poivrer. Remuer le mélange de fécule de maïs et l'ajouter au mélange de bœuf. Remuer jusqu'à ce que la préparation bouille et épaississe. Donne 1,5 L (6 tasses). Pour 6 personnes.

1 portion : 125 calories; 4,5 g de matières grasses totales; 367 mg de sodium; 13 g de protéines; 9 g de glucides; 2 g de fibres alimentaires

Photo à la page 36.

 *La cuisson des plats fricassés compte sûrement parmi les plus souples des méthodes de cuisson. Par exemple, si vous n'avez pas de pois à écosser surgelés, vous pouvez compenser en augmentant la quantité d'un des autres légumes mentionnés dans la recette ou en ajoutant un autre légume. L'important, c'est de ne pas changer les quantités.*

Bœuf Stroganov

Très, très Stroganov! La sauce est abondante. Un plat réconfortant.

Nouilles larges	8 oz	225 g
Eau bouillante	3 pte	3 L
Huile de cuisson (facultatif)	1 c. à soupe	15 mL
Sel	2 c. à thé	10 mL
Eau	½ tasse	125 mL
Farine tout usage	1½ c. à soupe	25 mL
Bouillon de bœuf en poudre	2 c. à thé	10 mL
Huile de cuisson	1 c. à soupe	15 mL
Bifteck de surlonge, coupé en fines lanières de 3 mm (⅛ po)	¾ lb	340 g
Sel, une pincée		
Poivre, une pincée		
Huile de cuisson	1 c. à thé	5 mL
Oignon, tranché	½ tasse	125 mL
Petits champignons frais, en moitiés	2 tasses	500 mL
Crème sure faible en gras	¼ tasse	60 mL
Oignon vert, tranché	1	1

Cuire les nouilles dans l'eau bouillante additionnée de la première quantité d'huile de cuisson et de sel dans une grande casserole ou un faitout découvert pendant 5 à 7 minutes, jusqu'à ce qu'elles soient tendres, mais encore fermes. Égoutter. Remettre les nouilles dans la casserole et les couvrir pour les garder au chaud.

Ajouter l'eau peu à peu à la farine et au bouillon en poudre dans un petit bol, en remuant jusqu'à ce qu'il ne reste plus de grumeaux. Mettre de côté.

Chauffer le wok ou la poêle à frire à feu mi-fort. Y verser la deuxième quantité d'huile. Ajouter le bifteck. Faire fricasser en remuant jusqu'à ce que la viande soit à point. Saler et poivrer. Verser le tout dans un bol.

Verser la troisième quantité d'huile dans le wok chaud. Ajouter l'oignon et les champignons. Faire fricasser en remuant jusqu'à ce qu'ils soient dorés. Ajouter le bifteck. Incorporer le mélange de farine et remuer jusqu'à ce que la préparation bouille et épaississe.

Incorporer la crème sure en remuant. Servir sur un lit de nouilles. Répandre les oignons verts sur le dessus. Pour 4 personnes.

1 portion : 396 calories; 10 g de matières grasses totales; 347 mg de sodium; 26 g de protéines; 49 g de glucides; 2 g de fibres alimentaires

Fricassée du garde-manger

*Rapide et savoureux. La préparation est écourtée
si on a déjà du bifteck coupé en lanières dans le congélateur.*

Nouilles larges	8 oz	225 g
Eau bouillante	3 pte	3 L
Huile de cuisson (facultatif)	1 c. à soupe	15 mL
Sel	2 c. à thé	10 mL
Huile de cuisson	1 c. à soupe	15 mL
Bifteck de surlonge, coupé en fines lanières de 3 mm (⅛ po)	¾ lb	340 g
Sel, une pincée		
Poivre, une pincée		
Tomates étuvées, en conserve, non égouttées	14 oz	398 mL
Macédoine de légumes, en conserve, égouttée	14 oz	398 mL
Champignons tranchés, en conserve, égouttés	10 oz	284 mL
Origan entier déshydraté	½ c. à thé	2 mL
Basilic déshydraté	½ c. à thé	2 mL
Sucre granulé	½ c. à thé	2 mL
Poudre d'oignon	¼ c. à thé	1 mL
Fécule de maïs	2 c. à thé	10 mL

Cuire les nouilles dans l'eau bouillante additionnée de la première quantité d'huile de cuisson et de sel dans une grande casserole ou un faitout découvert pendant 5 à 7 minutes, jusqu'à ce qu'elles soient tendres, mais encore fermes. Égoutter. Remettre les nouilles dans la casserole et les couvrir pour les garder au chaud.

Chauffer le wok ou la poêle à frire à feu mi-fort. Y verser la seconde quantité d'huile. Ajouter le bifteck. Faire fricasser en remuant pendant 4 à 5 minutes, jusqu'à ce que la viande soit à point. Saler et poivrer.

Ajouter les 8 derniers ingrédients. Remuer jusqu'à ce que la préparation bouille et épaississe. Étaler les pâtes sur un plat de service ou sur 4 assiettes individuelles. Dresser le mélange de bœuf sur les pâtes, à la cuillère. Pour 4 personnes.

*1 portion : 420 calories; 8 g de matières grasses totales; 693 mg de sodium; 27 g de protéines;
60 g de glucides; 6 g de fibres alimentaires*

Ragoût de bœuf et de légumes en juliennes

Un joli assortiment de couleurs. Servir sur
des pommes de terre, des nouilles ou du riz chauds.

Eau	⅓ tasse	75 mL
Fécule de maïs	1 c. à soupe	15 mL
Sauce aux huîtres	3 c. à soupe	50 mL
Sherry (ou sherry sans alcool)	1 c. à soupe	15 mL
Bouillon de bœuf en poudre	1 c. à thé	5 mL
Sauce soja à basse teneur en sodium	½ c. à thé	2 mL
Sel	¼ c. à thé	1 mL
Huile de cuisson	1 c. à soupe	15 mL
Bifteck de surlonge, coupé en fines lanières de 3 mm (⅛ po)	¾ lb	340 g
Gousse d'ail, émincée (ou 1 mL, ¼ c. à thé, de poudre d'ail)	1	1
Huile de cuisson	1 c. à thé	5 mL
Carottes moyennes, râpées	2	2
Courgettes moyennes non pelées, coupées en juliennes	1	1
Pak choi, haché et tassé	1 tasse	250 mL
Petit poivron rouge, coupé en bâtonnets	1	1
Germes de soja fraîches	1 tasse	250 mL

Délayer la fécule de maïs dans l'eau dans un petit bol. Ajouter les 5 prochains ingrédients. Remuer. Mettre de côté.

Chauffer le wok ou la poêle à frire à feu mi-fort. Y verser la première quantité d'huile de cuisson. Ajouter le bifteck et l'ail. Faire fricasser en remuant environ 3 minutes, jusqu'à ce que la viande soit à point. Verser le tout dans un bol.

Verser la seconde quantité d'huile dans le wok chaud. Ajouter les carottes. Faire fricasser en remuant pendant 2 minutes. Ajouter les courgettes, le pak choi, le poivron rouge et les germes de soja. Faire fricasser en remuant pendant 2 minutes. Ajouter le bifteck. Remuer le mélange de fécule de maïs et l'ajouter au mélange de bœuf. Remuer jusqu'à ce que la préparation bouille et épaississe. Donne 1 L (4 tasses). Pour 4 personnes.

1 portion : 208 calories; 8,1 g de matières grasses totales; 1 487 mg de sodium; 19 g de protéines;
14 g de glucides; 2 g de fibres alimentaires

Bœuf en sauce aux huîtres

La sauce brune est foncée et lustrée. Elle a l'air et le goût riche.

Eau	1 c. à soupe	15 mL
Fécule de maïs	1 c. à soupe	15 mL
Sauce aux huîtres	3 c. à soupe	50 mL
Sauce soja à basse teneur en sodium	1 c. à soupe	15 mL
Sherry (ou sherry sans alcool)	2 c. à thé	10 mL
Sel	¼ c. à thé	1 mL
Gingembre moulu	¼ c. à thé	1 mL
Huile de cuisson	1 c. à soupe	15 mL
Bifteck de surlonge, coupé en fines lanières de 3 mm (⅛ po)	¾ lb	340 g
Petits champignons frais	12	12
Pousses de bambou, en conserve, égouttées	8 oz	227 mL

Délayer la fécule de maïs dans l'eau dans un petit bol. Ajouter les 5 prochains ingrédients. Remuer. Mettre de côté.

Chauffer le wok ou la poêle à frire à feu mi-fort. Y verser l'huile de cuisson. Ajouter le bifteck. Faire fricasser en remuant jusqu'à ce que la viande soit à point.

Ajouter les champignons et les pousses de bambou. Faire fricasser en remuant pendant 5 minutes, jusqu'à ce que les champignons soient mous. Remuer le mélange de fécule de maïs et l'ajouter au mélange de bœuf. Remuer jusqu'à ce que la préparation bouille et épaississe. Pour 4 personnes.

1 portion : 170 calories; 6,9 g de matières grasses totales; 1 447 mg de sodium; 18 g de protéines; 8 g de glucides; trace de fibres alimentaires

1. Poulet au champagne, page 46
2. Bœuf aux noix de cajou, page 22
3. Bœuf et bouclettes, page 28

Accessoires fournis par : Chintz & Company
La Baie

Bœuf aux légumes

Un plat coloré. La sauce lustrée nappe tous les ingrédients.

Eau	½ tasse	125 mL
Fécule de maïs	1 c. à soupe	15 mL
Sauce soja à basse teneur en sodium	2 c. à soupe	30 mL
Sucre granulé	½ c. à thé	2 mL
Gingembre moulu	½ c. à thé	2 mL
Poudre d'ail	½ c. à thé	2 mL
Sel, une pincée		
Huile de cuisson	2 c. à thé	10 mL
Bifteck de surlonge, coupé en fines lanières de 3 mm (⅛ po)	¾ lb	340 g
Macédoine de légumes à la californienne surgelée (avec brocoli et chou-fleur), partiellement dégelée	32 oz	900 g
Pois à écosser frais (ou 170 g, 6 oz, de pois surgelés, partiellement dégelés)	2 tasses	500 mL
Eau	½ tasse	125 mL

Délayer la fécule de maïs dans la première quantité d'eau dans un petit bol. Ajouter les 5 prochains ingrédients. Remuer. Mettre de côté.

Chauffer le wok ou la poêle à frire à feu mi-fort. Y verser l'huile de cuisson. Ajouter le bifteck. Faire fricasser en remuant pendant 3 minutes, jusqu'à ce que la viande soit à point. Verser le tout dans un bol.

Mettre les légumes et la seconde quantité d'eau dans le wok chaud. Baisser le feu. Couvrir. Cuire à la vapeur pendant 3 minutes. Découvrir. Augmenter le feu. Faire fricasser en remuant pendant 2 minutes. Ajouter le bifteck. Remuer le mélange de fécule de maïs et l'ajouter au mélange de bœuf. Remuer jusqu'à ce que la préparation bouille et épaississe. Donne 1,25 L (5 tasses). Pour 4 personnes.

1 portion : 288 calories; 5,8 g de matières grasses totales; 430 mg de sodium; 25 g de protéines; 36 g de glucides; 10 g de fibres alimentaires

1. Bœuf à la bourguignonne, page 12
2. Bœuf et haricots verts, page 30

Accessoires fournis par : Chintz & Company
Le Gnome
La Baie

Bœuf et son brocoli

Un plat qui plaît toujours, coloré, avec une sauce luisante.

Sauce soja à basse teneur en sodium	1 c. à soupe	15 mL
Fécule de maïs	1 c. à thé	5 mL
Sherry (ou sherry sans alcool)	1 c. à soupe	15 mL
Sauce aux huîtres	2 c. à soupe	30 mL
Sel	1/2 c. à thé	2 mL
Poivre	1/4 c. à thé	1 mL
Huile de cuisson	1 c. à thé	5 mL
Brocoli, tranché (bouquets et tiges épluchées)	3 tasses	750 mL
Huile de cuisson	1 c. à soupe	15 mL
Bifteck de surlonge, coupé en fines lanières de 3 mm (1/8 po)	3/4 lb	340 g

Délayer la fécule de maïs dans la sauce soja dans une petite tasse. Ajouter les 4 prochains ingrédients. Remuer. Mettre de côté.

Chauffer le wok ou la poêle à frire à feu mi-fort. Y verser la première quantité d'huile de cuisson. Ajouter le brocoli et le faire fricasser en remuant pendant 4 minutes jusqu'à ce qu'il soit tendre, mais encore croquant. Verser le tout dans un bol.

Verser la seconde quantité d'huile dans le wok chaud. Ajouter le bifteck. Faire fricasser en remuant jusqu'à ce que la viande soit à point. Ajouter le brocoli. Remuer le mélange de fécule de maïs et l'ajouter au mélange de bœuf. Remuer jusqu'à ce que la préparation bouille et épaississe. Donne 875 mL (3 1/2 tasses). Pour 4 personnes.

1 portion : 184 calories; 8,6 g de matières grasses totales; 1 273 mg de sodium; 19 g de protéines; 7 g de glucides; 2 g de fibres alimentaires

Fricassée-chili au bœuf

Une méthode rapide pour faire un chili.
Avec du riz chaud, on peut servir des portions plus petites.

Huile de cuisson	1 c. à thé	5 mL
Bœuf haché maigre	3/4 lb	340 g
Huile de cuisson	1 c. à thé	5 mL
Gros oignon, tranché ou haché	1	1
Poudre Chili	2 c. à thé	10 mL
Sel assaisonné	1/2 c. à thé	2 mL
Poivre de Cayenne	1/8 c. à thé	0,5 mL
Tomates en dés, en conserve, égouttées, réserver 60 mL (1/4 tasse) de jus	14 oz	398 mL
Haricots rouges, en conserve, égouttés	14 oz	398 mL
Sucre granulé	1 c. à thé	5 mL
Jus réservé des tomates		

(suite...)

Chauffer le wok ou la poêle à frire à feu mi-fort. Y verser la première quantité d'huile de cuisson. Ajouter le bœuf haché. Faire fricasser en remuant jusqu'à ce que le bœuf ne soit plus rose. Égoutter. Verser le tout dans un bol.

Verser la seconde quantité d'huile dans le wok chaud. Ajouter l'oignon, la poudre Chili, le sel assaisonné et le Cayenne. Faire fricasser en remuant environ 2 minutes, jusqu'à ce que l'oignon soit bien doré. Ajouter le bœuf. Remuer.

Ajouter les tomates, les haricots rouges, le sucre et le jus des tomates. Porter à ébullition en remuant. Donne 1,5 L (6 tasses). Pour 4 personnes.

1 portion : 347 calories; 16 g de matières grasses totales; 530 mg de sodium; 29 g de protéines; 22 g de glucides; 6 g de fibres alimentaires

Bœuf mandarin

La sauce est à la fois épicée et sucrée. Servir sur des nouilles ou du riz chauds.

Sauce soja à basse teneur en sodium	2 c. à soupe	30 mL
Fécule de maïs	4 c. à thé	20 mL
Sauce aux huîtres	1 c. à soupe	15 mL
Sherry (ou sherry sans alcool)	1 c. à soupe	15 mL
Vinaigre blanc	1 c. à soupe	15 mL
Sucre granulé	1 c. à soupe	15 mL
Ketchup	1½ c. à thé	7 mL
Poudre d'ail	¼ c. à thé	1 mL
Huile de cuisson	1 c. à soupe	15 mL
Bifteck de surlonge, coupé en fines lanières de 3 mm (⅛ po)	¾ lb	340 g
Oignons verts, coupés en deux sur la longueur et coupés en morceaux de 5 cm (2 po)	4	4
Graines de sésame grillées, pour décorer	1 c. à thé	5 mL

Délayer la fécule de maïs dans la sauce soja dans une petite tasse. Ajouter les 6 prochains ingrédients. Remuer. Mettre de côté.

Chauffer le wok ou la poêle à frire à feu mi-fort. Y verser l'huile de cuisson. Ajouter le bifteck. Faire fricasser en remuant jusqu'à ce que le bœuf ne soit plus rose.

Ajouter les oignons verts et les faire fricasser en remuant jusqu'à ce qu'ils soient mous. Remuer le mélange de fécule de maïs et l'ajouter au mélange de bœuf. Remuer jusqu'à ce que la préparation bouille et épaississe. Répandre les graines de sésame sur le dessus. Donne 500 mL (2 tasses). Pour 4 personnes.

1 portion : 171 calories; 6,6 g de matières grasses totales; 736 mg de sodium; 18 g de protéines; 9 g de glucides; trace de fibres alimentaires

Photo à la page 107.

Poulet au cari

Le cari est présent, mais sans dominer le plat. Un plat joli et savoureux.

Riz blanc à grains longs (ou basmati)	1⅓ tasse	325 mL
Eau	2⅔ tasses	650 mL
Sel	½ c. à thé	2 mL
Vin blanc (ou vin blanc sans alcool)	½ tasse	125 mL
Fécule de maïs	2 c. à thé	10 mL
Huile de cuisson	1 c. à soupe	15 mL
Demi-poitrines de poulet, dépouillées et désossées (environ 4), coupées en bouchées	1 lb	454 g
Oignon haché	½ tasse	125 mL
Pomme à cuire moyenne (McIntosh par exemple) non pelée, hachée	1	1
Raisins secs	⅓ tasse	75 mL
Poudre de cari	1 c. à thé	5 mL
Cassonade, tassée	2 c. à thé	10 mL
Thym moulu	¼ c. à thé	1 mL
Assaisonnement pour volaille	½ c. à thé	2 mL
Sel	¼ c. à thé	1 mL
Poivre, juste une pincée		

Cuire le riz dans l'eau additionnée de la première quantité de sel dans une casserole moyenne pendant 15 à 20 minutes, jusqu'à ce qu'il soit tendre et ait absorbé toute l'eau.

Délayer la fécule de maïs dans le vin dans un petit bol. Mettre de côté.

Chauffer le wok ou la poêle à frire à feu mi-fort. Y verser l'huile de cuisson. Ajouter le poulet et l'oignon. Faire fricasser en remuant jusqu'à ce que le poulet ne soit plus rose. Verser le tout dans un bol.

Combiner les 8 derniers ingrédients dans le wok chaud. Faire fricasser en remuant jusqu'à ce que la pomme soit tendre. Ajouter le mélange de poulet. Remuer pour réchauffer le tout. Remuer le mélange de fécule de maïs et l'ajouter au mélange de poulet. Remuer jusqu'à ce que la préparation bouille et épaississe. Donne 1 L (4 tasses). Étaler le riz sur un plat de service ou sur 4 assiettes individuelles. Dresser le mélange de poulet sur le riz avec une cuillère. Pour 4 personnes.

1 portion : 517 calories; 6,7 g de matières grasses totales; 256 mg de sodium; 33 g de protéines; 77 g de glucides; 4 g de fibres alimentaires

Photo sur la couverture.

Poulet au sherry

Un plat fricassé classique, qui convient pour des invités.

Bouillon de poulet condensé	¹/₂ × 10 oz	¹/₂ × 284 mL
Fécule de maïs	1 c. à soupe	15 mL
Lait	2 c. à soupe	30 mL
Sel	¹/₈ c. à thé	0,5 mL
Poivre	¹/₈ c. à thé	0,5 mL
Huile de cuisson	1 c. à soupe	15 mL
Demi-poitrines de poulet, dépouillées et désossées (environ 3), coupées en lanières fines	³/₄ lb	340 g
Oignon, émincé	1 tasse	250 mL
Huile de cuisson	1 c. à thé	5 mL
Carottes moyennes, coupées en juliennes	2	2
Céleri, tranché en diagonale	¹/₂ tasse	125 mL
Poivron vert, émincé	¹/₂ tasse	125 mL
Sherry (ou sherry sans alcool)	1 c. à soupe	15 mL
Parmesan râpé, une pincée		

Délayer la fécule de maïs dans le bouillon de poulet dans un petit bol. Ajouter les 3 prochains ingrédients. Remuer. Mettre de côté.

Chauffer le wok ou la poêle à frire à feu mi-fort. Y verser la première quantité d'huile de cuisson. Ajouter le poulet et l'oignon. Faire fricasser en remuant jusqu'à ce que le poulet ne soit plus rose et que l'oignon soit mou. Verser le tout dans un bol.

Verser la seconde quantité d'huile dans le wok chaud. Ajouter les carottes et le céleri. Faire fricasser en remuant pendant 2 à 3 minutes, jusqu'à ce que les légumes soient tendres, mais encore croquants.

Ajouter le poivron vert. Faire fricasser en remuant environ 1 minute. Remuer le mélange de fécule de maïs et l'ajouter au mélange de légumes. Remuer jusqu'à ce que la préparation bouille et épaississe. Ajouter le mélange de poulet.

Ajouter le sherry. Remuer pour réchauffer le tout.

Répandre le parmesan sur le dessus. Pour 4 personnes.

1 portion : 200 calories; 6,3 g de matières grasses totales; 413 mg de sodium; 23 g de protéines; 12 g de glucides; 2 g de fibres alimentaires

Poulet aux amandes

Les amandes, les germes de soja et les châtaignes d'eau donnent du croquant à ce plat.

Riz blanc à grains longs	1⅓ tasse	325 mL
Eau	2⅔ tasses	650 mL
Sel	½ c. à thé	2 mL
Eau	½ tasse	125 mL
Fécule de maïs	1 c. à soupe	15 mL
Sauce soja à basse teneur en sodium	2 c. à soupe	30 mL
Bouillon de poulet en poudre	1 c. à thé	5 mL
Huile de cuisson	1 c. à soupe	15 mL
Demi-poitrines de poulet, dépouillées et désossées (environ 3), coupées en bouchées	¾ lb	340 g
Céleri, tranché en diagonale	1 tasse	250 mL
Huile de cuisson	1 c. à thé	5 mL
Champignons frais, tranchés	1 tasse	250 mL
Germes de soja fraîches	2 tasses	500 mL
Châtaignes d'eau tranchées, en conserve, égouttées	8 oz	227 mL
Amandes émincées, grillées	½ tasse	125 mL

Cuire le riz dans la première quantité d'eau additionnée de sel dans une casserole moyenne pendant 15 à 20 minutes, jusqu'à ce qu'il soit tendre et ait absorbé toute l'eau.

Délayer la fécule de maïs dans la seconde quantité d'eau dans un petit bol. Ajouter la sauce soja et le bouillon en poudre. Remuer. Mettre de côté.

Chauffer le wok ou la poêle à frire à feu mi-fort. Y verser la première quantité d'huile de cuisson. Ajouter le poulet et le céleri. Faire fricasser en remuant environ 4 minutes, jusqu'à ce que le poulet ne soit plus rose. Verser le tout dans un bol.

Verser la seconde quantité d'huile dans le wok chaud. Ajouter les champignons, les germes de soja et les châtaignes d'eau. Faire fricasser en remuant environ 2 minutes, jusqu'à ce que les champignons soient mous et qu'il ne reste plus de liquide. Ajouter le poulet et le céleri. Remuer le mélange de fécule de maïs et l'ajouter au mélange de poulet. Remuer jusqu'à ce que la préparation bouille et épaississe. Donne 1,5 L (6 tasses). Étaler le riz sur un plat de service ou sur 4 assiettes individuelles. Dresser le mélange de poulet sur le riz, à la cuillère.

Répandre les amandes sur le dessus. Pour 4 personnes.

1 portion : 538 calories; 15,7 g de matières grasses totales; 571 mg de sodium; 31 g de protéines; 69 g de glucides; 5 g de fibres alimentaires

Poulet aux avocats

La recette parfaite pour découvrir les avocats cuits.

Eau	½ tasse	125 mL
Fécule de maïs	1 c. à soupe	15 mL
Jus de citron	1 c. à thé	5 mL
Bouillon de poulet en poudre	1 c. à thé	5 mL
Huile de cuisson	1 c. à soupe	15 mL
Demi-poitrines de poulet, dépouillées et désossées (environ 3), coupées en bouchées	¾ lb	340 g
Huile de cuisson	1 c. à thé	5 mL
Poivron rouge, en gros morceaux	½ tasse	125 mL
Champignons frais, tranchés	1 tasse	250 mL
Poudre de cari	2 c. à thé	10 mL
Sel	¼ c. à thé	1 mL
Poivre	¼ c. à thé	1 mL
Avocat mûr et ferme, épluché et tranché	1	1
Graines de sésame, grillées	1 c. à soupe	15 mL

Délayer la fécule de maïs dans l'eau dans un petit bol. Ajouter le jus de citron et le bouillon en poudre. Remuer. Mettre de côté.

Chauffer le wok ou la poêle à frire à feu mi-fort. Y verser la première quantité d'huile de cuisson. Ajouter le poulet. Faire fricasser en remuant jusqu'à ce que le poulet ne soit plus rose. Verser le tout dans un bol.

Verser la seconde quantité d'huile dans le wok chaud. Ajouter le poivron rouge, les champignons, la poudre de cari, le sel et le poivre. Faire fricasser en remuant environ 2 minutes, jusqu'à ce qu'il ne reste plus de liquide. Ajouter le poulet.

Ajouter l'avocat. Faire fricasser en remuant environ 1 minute. Remuer le mélange de fécule de maïs et l'ajouter au mélange de poulet. Remuer jusqu'à ce que la préparation bouille et épaississe.

Répandre les graines de sésame sur le dessus. Pour 4 personnes.

1 portion : 251 calories; 14,9 g de matières grasses totales; 395 mg de sodium; 22 g de protéines; 9 g de glucides; 2 g de fibres alimentaires

Photo sur la couverture.

Poulet Chow Mein

La sauce foncée nappe joliment le poulet et les légumes.

Bouillon de poulet condensé	10 oz	284 mL
Fécule de maïs	2 c. à soupe	30 mL
Mélasse de fantaisie	2 c. à soupe	30 mL
Sauce soja à basse teneur en sodium	3 c. à soupe	50 mL
Riz blanc à grains courts	1¼ tasse	300 mL
Eau	2½ tasses	625 mL
Sel	½ c. à thé	2 mL
Huile de cuisson	1 c. à soupe	15 mL
Demi-poitrines de poulet, dépouillées et désossées (environ 3), coupées en lanières fines	¾ lb	340 g
Huile de cuisson	1 c. à thé	5 mL
Petit poivron vert, coupé en lanières	1	1
Oignon haché	1 tasse	250 mL
Céleri, haché	½ tasse	125 mL
Germes de soja fraîches	2 tasses	500 mL
Châtaignes d'eau tranchées, en conserve, égouttées	8 oz	227 mL
Pousses de bambou, en conserve, égouttées	8 oz	227 mL
Champignons tranchés, en conserve, égouttés	10 oz	284 mL
Nouilles Chow Mein	1 tasse	250 mL

Délayer la fécule de maïs dans le bouillon de poulet dans un petit bol. Ajouter la mélasse et la sauce soja. Remuer. Mettre de côté.

Cuire le riz dans l'eau additionnée du sel dans une grande casserole couverte pendant 15 à 20 minutes jusqu'à ce qu'il soit tendre et ait absorbé toute l'eau. Retirer le riz du feu sans le découvrir pour le garder au chaud.

Chauffer le wok ou la poêle à frire à feu mi-fort. Y verser la première quantité d'huile de cuisson. Ajouter le poulet. Faire fricasser en remuant pendant 4 à 5 minutes, jusqu'à ce que le poulet ne soit plus rose. Verser le tout dans un bol.

Verser la seconde quantité d'huile dans le wok chaud. Ajouter le poivron vert, l'oignon et le céleri. Faire fricasser en remuant pendant 3 à 5 minutes, jusqu'à ce que les légumes soient mous.

Ajouter les germes de soja. Faire fricasser en remuant pendant 1 minute.

(suite...)

Ajouter les châtaignes d'eau, les pousses de bambou et les champignons. Faire fricasser en remuant jusqu'à ce qu'ils soient chauds. Ajouter le poulet. Remuer le mélange de fécule de maïs et l'ajouter au mélange de poulet. Remuer jusqu'à ce que la préparation bouille et épaississe. Servir sur le riz. Répandre les nouilles sur le dessus. Pour 4 personnes.

1 portion : 575 calories; 10,4 g de matières grasses totales; 1224 mg de sodium; 33 g de protéines; 88 g de glucides; 5 g de fibres alimentaires

Crevettes chow mein : Remplacer le poulet par 340 g (¾ lb) de crevettes moyennes fraîches, non cuites, pelées et nettoyées. Faire fricasser en remuant jusqu'à ce que les crevettes soient roses et recroquevillées.

Poulet et champignons

La préparation est rapide. Servir sur des fettuccine ou des linguine chauds.

Lait écrémé évaporé	½ tasse	125 mL
Fécule de maïs	2 c. à thé	10 mL
Bouillon de poulet en poudre	1 c. à thé	5 mL
Sel	¼ c. à thé	1 mL
Poivre	¼ c. à thé	1 mL
Paprika	¼ c. à thé	1 mL
Huile de cuisson	1 c. à soupe	15 mL
Demi-poitrines de poulet, dépouillées et désossées (environ 3), coupées en lanières fines	¾ lb	340 g
Oignon haché	¼ tasse	60 mL
Champignons frais, tranchés	2 tasses	500 mL
Petits pois surgelés	1 tasse	250 mL
Vin blanc (ou vin blanc sans alcool)	4 c. à thé	20 mL

Délayer la fécule de maïs dans le lait écrémé dans un petit bol. Ajouter les 4 prochains ingrédients. Remuer. Mettre de côté.

Chauffer le wok ou la poêle à frire à feu mi-fort. Y verser l'huile de cuisson. Ajouter le poulet et l'oignon. Faire fricasser en remuant jusqu'à ce que le poulet ne soit plus rose. Verser le tout dans un bol.

Mettre les champignons et les petits pois dans le wok chaud. Faire fricasser en remuant environ 2 minutes, jusqu'à ce que les champignons soient mous et qu'il ne reste plus de liquide. Ajouter le mélange de poulet. Remuer le mélange de fécule de maïs et l'ajouter au mélange de poulet. Remuer jusqu'à ce que la préparation bouille et épaississe.

Incorporer le vin en remuant. Pour 4 personnes.

1 portion : 205 calories; 5 g de matières grasses totales; 471 mg de sodium; 25 g de protéines; 13 g de glucides; 2 g de fibres alimentaires

Poulet au champagne

Un plat à préparer lorsque les pêches sont en saison.

Champagne (ou boisson au gingembre)	⅓ tasse	75 mL
Fécule de maïs	2 c. à thé	10 mL
Nouilles moyennes	2 tasses	500 mL
Eau bouillante	2½ pte	2,5 L
Huile de cuisson (facultatif)	1 c. à soupe	15 mL
Sel	2 c. à thé	10 mL
Huile de cuisson	1 c. à soupe	15 mL
Demi-poitrines de poulet, dépouillées et désossées (environ 4), coupées en lanières fines	1 lb	454 g
Oignon haché	¼ tasse	60 mL
Pêches fraîches, pelées et tranchées (voir Remarque)	2	2
Oignons verts, tranchés	2	2
Sucre granulé	2 c. à thé	10 mL
Jus de citron	1 c. à soupe	15 mL
Sel	¼ c. à thé	1 mL
Poivre	¼ c. à thé	1 mL

Délayer la fécule de maïs dans le champagne dans un petit bol. Mettre de côté.

Cuire les nouilles dans l'eau bouillante additionnée des premières quantités d'huile de cuisson et de sel dans une grande casserole ou un faitout découvert pendant 5 à 7 minutes, jusqu'à ce qu'elles soient tendres, mais encore fermes. Égoutter. Remettre les nouilles dans la casserole et les couvrir pour les garder au chaud.

Chauffer le wok ou la poêle à frire à feu mi-fort. Y verser la seconde quantité d'huile. Ajouter le poulet et l'oignon. Faire fricasser en remuant jusqu'à ce que le poulet ne soit plus rose. Verser le tout dans un bol.

Mettre les pêches, les oignons verts, le sucre, le jus de citron, la seconde quantité de sel et le poivre dans le wok chaud. Faire fricasser en remuant pendant 1½ à 2 minutes, jusqu'à ce que les pêches soient molles. Ajouter le poulet et les nouilles. Remuer le mélange de fécule de maïs et l'ajouter au mélange de poulet. Remuer jusqu'à ce que la préparation bouille et épaississe. Servir sur-le-champ parce que les pêches noircissent. Donne 1 L (4 tasses). Pour 4 personnes.

1 portion : 372 calories; 5,6 g de matières grasses totales; 248 mg de sodium; 32 g de protéines; 43 g de glucides; 2 g de fibres alimentaires

Photo à la page 35.

Remarque : Pour éplucher les pêches, les plonger dans un bol d'eau bouillante environ 1 minute. Les sortir de l'eau avec des pinces et les éplucher avec un couteau-éplucheur.

Poulet et brocoli

Ce plat contient du poulet et des légumes.
Servi avec du riz, il se transforme en repas équilibré.

Eau	½ tasse	125 mL
Fécule de maïs	2 c. à soupe	30 mL
Huile de cuisson	1 c. à soupe	15 mL
Demi-poitrines de poulet, dépouillées et désossées (environ 4), coupées en lanières fines	1 lb	454 g
Oignon, tranché fin	1 tasse	250 mL
Carottes, tranchées fin	1 tasse	250 mL
Huile de cuisson	1 c. à thé	5 mL
Brocoli, en petites bouchées	2 tasses	500 mL
Sauce soja à basse teneur en sodium	¼ tasse	60 mL
Bouillon de poulet en poudre	2 c. à thé	10 mL
Sherry (ou sherry sans alcool)	1 c. à soupe	15 mL
Poudre d'ail	¼ c. à thé	1 mL
Gingembre moulu	⅛ c. à thé	0,5 mL
Amandes tranchées, grillées (facultatif)	½ tasse	125 mL

Délayer la fécule de maïs dans l'eau dans un petit bol. Mettre de côté.

Chauffer le wok ou la poêle à frire à feu mi-fort. Y verser la première quantité d'huile de cuisson. Ajouter le poulet, l'oignon et les carottes. Faire fricasser en remuant environ 4 minutes, jusqu'à ce que le poulet ne soit plus rose.

Verser la seconde quantité d'huile dans le wok chaud. Ajouter le brocoli. Faire fricasser en remuant pendant 3 minutes, jusqu'à ce que le brocoli soit vert vif.

Ajouter les 6 derniers ingrédients. Remuer pour réchauffer le tout. Remuer le mélange de fécule de maïs et l'ajouter au mélange de poulet. Remuer jusqu'à ce que la préparation bouille et épaississe. Donne 1 L (4 tasses). Pour 4 personnes.

1 portion : 242 calories; 6,4 g de matières grasses totales; 1 081 mg de sodium; 30 g de protéines; 15 g de glucides; 3 g de fibres alimentaires

Cacciatore rapide

La sauce est abondante. À servir sur des nouilles.

Eau	1 c. à soupe	15 mL
Fécule de maïs	1 c. à soupe	15 mL
Huile de cuisson	2 c. à thé	10 mL
Demi-poitrines de poulet, dépouillées et désossées (environ 3), coupées en lanières fines	¾ lb	340 g
Huile de cuisson	1 c. à thé	5 mL
Champignons frais, tranchés	2 tasses	500 mL
Oignon haché	¼ tasse	60 mL
Carottes, râpées	2 c. à soupe	30 mL
Tomates en dés, en conserve, égouttées	14 oz	398 mL
Persil en flocons	1 c. à thé	5 mL
Feuille de laurier	1	1
Sucre granulé	1 c. à thé	5 mL
Poudre d'ail	⅛ c. à thé	0,5 mL
Sel	½ c. à thé	2 mL
Poivre	⅛ c. à thé	0,5 mL
Vin blanc (ou vin blanc sans alcool)	¼ tasse	60 mL

Délayer la fécule de maïs dans l'eau dans une petite tasse. Mettre de côté.

Chauffer le wok ou la poêle à frire à feu mi-fort. Y verser la première quantité d'huile de cuisson. Ajouter le poulet. Faire fricasser en remuant jusqu'à ce que le poulet ne soit plus rose. Verser le tout dans un bol.

Verser la seconde quantité d'huile. Ajouter les champignons, l'oignon et les carottes dans le wok chaud. Faire fricasser en remuant pendant 3 à 5 minutes jusqu'à ce que les légumes soient tendres, mais encore croquants. Les ajouter au poulet, dans le bol.

Mettre les 7 prochains ingrédients dans le wok chaud. Porter à ébullition en remuant. Baisser le feu. Laisser mijoter, à découvert, pendant 10 minutes. Jeter la feuille de laurier. Remuer le mélange de fécule de maïs et l'ajouter au mélange de tomates. Remuer jusqu'à ce que la préparation bouille et épaississe. Ajouter le poulet et les légumes. Réchauffer le tout.

Incorporer le vin en remuant. Pour 4 personnes.

1 portion : 184 calories; 5 g de matières grasses totales; 587 mg de sodium; 21 g de protéines; 11 g de glucides; 2 g de fibres alimentaires

 *conseil*
Quand vous avez des restes de plats fricassés, vous pouvez préparer de la soupe en un clin d'œil simplement en ajoutant du bouillon aux restes. Vous pouvez également faire une salade en combinant vos restes avec des pâtes ou de la laitue et en ajoutant votre sauce à salade préférée.

Poulet

Poulet aux noix de Grenoble

Un joli plat, agrémenté de formes différentes dans la sauce brune.
Les noix lui donnent du goût et de la texture.

Eau	½ tasse	125 mL
Fécule de maïs	1 c. à soupe	15 mL
Sauce soja à basse teneur en sodium	4 c. à thé	20 mL
Sherry (ou sherry sans alcool)	1 c. à soupe	15 mL
Cassonade, tassée	2 c. à thé	10 mL
Sel	¼ c. à thé	1 mL
Sel assaisonné	¼ c. à thé	1 mL
Poivre	⅛ c. à thé	0,5 mL
Bouillon de poulet en poudre	1 c. à thé	5 mL
Poudre d'ail	¼ c. à thé	1 mL
Huile d'arachides (ou de cuisson)	1 c. à soupe	15 mL
Demi-poitrines de poulet, dépouillées et désossées (environ 3), coupées en lanières fines	¾ lb	340 g
Huile d'arachides (ou de cuisson)	1 c. à thé	5 mL
Oignon moyen, tranché fin	1	1
Céleri, tranché	⅔ tasse	150 mL
Champignons frais, tranchés	1 tasse	250 mL
Noix de Grenoble, en morceaux	¾ tasse	175 mL
Pak choi, grossièrement haché	3 tasses	750 mL
Pousses de bambou, en conserve, égouttées	8 oz	227 mL
Châtaignes d'eau tranchées, en conserve, égouttées	8 oz	227 mL

Délayer la fécule de maïs dans l'eau dans un petit bol. Ajouter les 8 prochains ingrédients. Remuer. Mettre de côté.

Chauffer le wok ou la poêle à frire à feu mi-fort. Y verser la première quantité d'huile. Ajouter le poulet. Faire fricasser en remuant jusqu'à ce que le poulet ne soit plus rose. Verser le tout dans un bol.

Verser la seconde quantité d'huile dans le wok chaud. Ajouter l'oignon, le céleri et les champignons. Faire fricasser en remuant jusqu'à ce que les légumes soient légèrement mous. Ajouter le poulet.

Ajouter les 4 derniers ingrédients. Remuer pour réchauffer le tout. Remuer le mélange de fécule de maïs et l'ajouter au mélange de poulet. Remuer jusqu'à ce que la préparation bouille et épaississe. Donne 1,75 L (7 tasses). Pour 6 personnes.

1 portion : 224 calories; 11,8 g de matières grasses totales; 499 mg de sodium; 17 g de protéines; 13 g de glucides; 2 g de fibres alimentaires

Poulet et sa farce

Un joli contraste de couleurs et de formes. Les légumes sont bien croquants.

Chapelure fine	1¼ tasse	300 mL
Persil en flocons	1 c. à thé	5 mL
Assaisonnement pour volaille	¾ c. à thé	4 mL
Sel	¼ c. à thé	1 mL
Poivre	¹⁄₁₆ c. à thé	0,5 mL
Eau	½ tasse	125 mL
Huile de cuisson	1 c. à soupe	15 mL
Demi-poitrines de poulet, dépouillées et désossées (environ 3), coupées en bouchées	¾ lb	340 g
Huile de cuisson	1 c. à thé	5 mL
Oignon haché	⅓ tasse	75 mL
Céleri, haché	2 c. à soupe	30 mL
Courgettes non pelées, tranchées ou émincées	1 tasse	250 mL
Petits pois et carottes surgelés, partiellement dégelés	1 tasse	250 mL

Mettre les 6 premiers ingrédients dans un petit bol. Remuer. Réserver 60 mL (¼ tasse) du mélange et mettre le reste de côté.

Chauffer le wok ou la poêle à frire à feu mi-fort. Y verser la première quantité d'huile de cuisson. Ajouter le poulet. Faire fricasser en remuant environ 4 minutes jusqu'à ce que le poulet ne soit plus rose. Verser le tout dans un bol.

Verser la seconde quantité d'huile dans le wok chaud. Ajouter l'oignon, le céleri, les courgettes, les petits pois et les carottes. Faire fricasser en remuant environ 2 minutes. Ajouter le mélange de poulet. Remuer pour réchauffer le tout. Ajouter la plus grosse quantité du mélange de chapelure. Remuer jusqu'à ce que la préparation soit chaude. Répandre le reste du mélange de chapelure sur le dessus du plat. Donne 1 L (4 tasses). Pour 4 personnes.

1 portion : 307 calories; 7,6 g de matières grasses totales; 524 mg de sodium; 26 g de protéines; 33 g de glucides; 3 g de fibres alimentaires

Photo à la page 125.

 *Il est beaucoup plus aisé de dépouiller le poulet si celui-ci est partiellement surgelé.*

Poulet Tetrazzini

Le poulet et les pâtes en sauce font un agréable repas.

Bouclettes (environ 875 mL, 3½ tasses)	8 oz	225 g
Eau bouillante	3 pte	3 L
Huile de cuisson (facultatif)	1 c. à soupe	15 mL
Sel	2 c. à thé	10 mL
Bouillon de poulet condensé	10 oz	284 mL
Lait écrémé évaporé	⅓ tasse	75 mL
Sel	¼ c. à thé	1 mL
Poivre	⅛ c. à thé	0,5 mL
Eau	2 c. à soupe	30 mL
Fécule de maïs	2 c. à soupe	30 mL
Huile de cuisson	1 c. à soupe	15 mL
Demi-poitrines de poulet, dépouillées et désossées (environ 3), coupées en bouchées	¾ lb	340 g
Oignon haché	1 tasse	250 mL
Champignons frais, tranchés	2 tasses	500 mL
Sherry (ou sherry sans alcool)	2 c. à soupe	30 mL
Parmesan râpé	¼ tasse	60 mL

Cuire les pâtes dans l'eau bouillante additionnée des premières quantités d'huile de cuisson et de sel dans une grande casserole ou un faitout découvert pendant 12 à 14 minutes, jusqu'à ce qu'elles soient tendres, mais encore fermes. Égoutter. Remettre les pâtes dans la casserole et les couvrir pour les garder au chaud.

Combiner le bouillon de poulet avec le lait évaporé, la seconde quantité de sel et le poivre dans un bol moyen.

Délayer la fécule de maïs dans l'eau dans une petite tasse. Incorporer en remuant au mélange de bouillon de poulet. Mettre de côté.

Chauffer le wok ou la poêle à frire à feu mi-fort. Y verser la seconde quantité d'huile. Ajouter le poulet et l'oignon. Faire fricasser en remuant environ 5 minutes, jusqu'à ce que le poulet ne soit plus rose et que l'oignon soit mou.

Ajouter les champignons. Faire fricasser en remuant jusqu'à ce qu'il ne reste plus de liquide. Remuer le mélange de fécule de maïs et l'ajouter au mélange de poulet. Remuer jusqu'à ce que la préparation bouille et épaississe.

Incorporer le sherry en remuant. Étaler les pâtes sur un plat de service ou sur 4 assiettes individuelles. Dresser le mélange de poulet sur les pâtes, à la cuillère. Répandre le parmesan sur le dessus. Donne 1 L (4 tasses). Pour 4 personnes.

1 portion : 450 calories; 8,5 g de matières grasses totales; 854 mg de sodium; 36 g de protéines; 55 g de glucides; 3 g de fibres alimentaires

Poulet et jambon

Des goûts qui se combinent si bien. Ce plat
est bon avec de la purée de pommes de terre chaude.

Eau	¼ tasse	60 mL
Fécule de maïs	2 c. à thé	10 mL
Lait écrémé évaporé	¼ tasse	60 mL
Bouillon de poulet en poudre	1 c. à thé	5 mL
Sel	¼ c. à thé	1 mL
Poivre	¼ c. à thé	1 mL
Huile de cuisson	1 c. à soupe	15 mL
Demi-poitrines de poulet, dépouillées et désossées (environ 4), coupées en lanières	1 lb	454 g
Oignon haché	¼ tasse	60 mL
Céleri, haché	2 c. à soupe	30 mL
Jambon, en cubes d'environ 2 cm (¾ po)	1 tasse	250 mL

Délayer la fécule de maïs dans l'eau dans un petit bol. Ajouter les 4 prochains ingrédients. Remuer. Mettre de côté.

Chauffer le wok ou la poêle à frire à feu mi-fort. Y verser l'huile de cuisson. Ajouter le poulet, l'oignon et le céleri. Faire fricasser en remuant pendant 5 à 6 minutes, jusqu'à ce que le poulet ne soit plus rose.

Ajouter le jambon. Faire fricasser en remuant pendant 1 minute. Remuer le mélange de fécule de maïs et l'ajouter au mélange de poulet. Remuer jusqu'à ce que la préparation bouille et épaississe. Donne 1 L (4 tasses). Pour 4 personnes.

1 portion : 250 calories; 9 g de matières grasses totales; 927 mg de sodium; 34 g de protéines;
6 g de glucides; trace de fibres alimentaires

1. Thon, poireaux et riz, page 64
2. Fricassée de l'automne, page 10

Accessoires fournis par :   Eaton
                            Stokes
                            La Baie

Poulet et plumes

La préparation est rapide, car il y a peu d'ingrédients à couper ou à hacher.

Plumes (environ 170 g, 6 oz)	2 tasses	500 mL
Eau bouillante	3 pte	3 L
Huile de cuisson (facultatif)	1 c. à soupe	15 mL
Sel	1 c. à soupe	15 mL
Huile de cuisson	1 c. à soupe	15 mL
Demi-poitrines de poulet, dépouillées et désossées (environ 3), coupées en bouchées	¾ lb	340 g
Poivron jaune, en lanières	½ tasse	125 mL
Arachides (ou noix de cajou)	¼ tasse	60 mL
Sauce aux huîtres	⅓ tasse	75 mL

Cuire les pâtes dans l'eau bouillante additionnée de la première quantité d'huile de cuisson et de sel dans une grande casserole ou un faitout découvert pendant 9 à 11 minutes, jusqu'à ce qu'elles soient tendres, mais encore fermes. Égoutter. Remettre les pâtes dans la casserole et les couvrir pour les garder au chaud.

Chauffer le wok ou la poêle à frire à feu mi-fort. Y verser la seconde quantité d'huile. Ajouter le poulet. Faire fricasser en remuant environ 4 minutes, jusqu'à ce que le poulet ne soit plus rose.

Ajouter le poivron et les arachides. Faire fricasser en remuant environ 1 minute. Ajouter les pâtes. Remuer pour réchauffer le tout.

Ajouter la sauce aux huîtres. Remuer pour napper les ingrédients de sauce et réchauffer la préparation. Donne 1,5 L (6 tasses). Pour 4 personnes.

1 portion : 381 calories; 10,3 g de matières grasses totales; 2 043 mg de sodium; 28 g de protéines; 43 g de glucides; 2 g de fibres alimentaires

Photo à la page 54 et sur la couverture dos.

1. Fricassée croustade aux pommes, page 56
2. Poulet et plumes, page 55
3. Porc et poivrons au gingembre, page 95
4. Salade de laitue chaude, page 101

Accessoires fournis par : Clays Handmade Ceramic Tile & Stone
Dansk Gifts
Eaton
La Baie

Fruits au caramel

Un dessert aux fruits riche, qui fait sensation.
À déguster tel quel ou nappé sur du gâteau ou de la crème glacée.

Margarine dure (ou beurre)	1 c. à soupe	15 mL
Cassonade, tassée	⅓ tasse	75 mL
Eau	1½ c. à soupe	25 mL
Bananes, pêches, poires, fraises ou cerises, tranchées	3 tasses	750 mL
Sucre à glacer	½ tasse	125 mL
Cannelle moulue, une pincée		

Combiner la margarine, la cassonade et l'eau dans un wok ou une poêle à frire. Chauffer à feu mi-fort, en remuant sans arrêt, jusqu'à ce que la préparation bouillonne.

Ajouter les fruits et le sucre à glacer. Remuer pendant environ 2 minutes, jusqu'à ce que les fruits soient chauds et nappés de liquide.

Saupoudrer de cannelle. Pour 4 personnes.

1 portion : 222 calories; 3,3 g de matières grasses totales; 41 mg de sodium; 1 g de protéines; 50 g de glucides; 3 g de fibres alimentaires

Fricassée croustade aux pommes

Ce dessert savoureux peut être accompagné de crème glacée. La préparation est rapide.

Margarine dure (ou beurre)	1 c. à soupe	15 mL
Eau	3 c. à soupe	50 mL
Sucre granulé	½ tasse	125 mL
Pommes à cuire moyennes (McIntosh par exemple), pelées et tranchées	4	4
Biscuits aux flocons d'avoine croquants, grossièrement écrasés	¼ tasse	60 mL

Combiner les 4 premiers ingrédients dans un wok ou une poêle à frire. Chauffer à feu mi-fort, en remuant sans arrêt, environ 10 minutes jusqu'à ce que le sucre soit dissous et que le liquide ait réduit et soit de la couleur du caramel.

Retirer du feu. Incorporer rapidement les miettes de biscuits. Pour 4 personnes.

1 portion : 223 calories; 4,1 g de matières grasses totales; 35 mg de sodium; 1 g de protéines; 49 g de glucides; 2 g de fibres alimentaires

Photo à la page 54.

Croustillant aux pêches

Des bonnes pêches bien juteuses, couronnées d'une garniture croustillante au gingembre.

Margarine dure (ou beurre)	2 c. à soupe	30 mL
Cassonade, tassée	¼ tasse	60 mL
Pêches fraîches, pelées et tranchées (ou 750 mL, 3 tasses, de pêches surgelées, dégelées)	4	4
Jus de citron	½ c. à thé	2 mL
Chapelure de biscuits croquants au gingembre	2 c. à soupe	30 mL

Faire fondre la margarine dans le wok chaud ou dans une poêle à frire. Ajouter la cassonade, les pêches et le jus de citron. Remuer délicatement pendant 2 à 3 minutes, jusqu'à ce que les pêches soient tendres.

Répandre la chapelure sur les pêches et remuer juste assez pour l'incorporer. Pour 4 personnes.

1 portion : 153 calories; 6,3 g de matières grasses totales; 98 mg de sodium; 1 g de protéines; 25 g de glucides; 1 g de fibres alimentaires

Variante : Utiliser des pêches tranchées en conserve, égouttées, à raison de 2 × 398 mL (2 × 14 oz). Donne 500 mL (2 tasses). Réduire la quantité de cassonade à 15 mL (1 c. à soupe).

Garniture aux poires

Le goût délicat des pêches. Servir avec de la crème glacée ou un gâteau sablé.

Margarine dure (ou beurre)	¼ tasse	60 mL
Sucre granulé	⅓ tasse	75 mL
Piment de la Jamaïque moulu	½ c. à thé	2 mL
Jus des poires réservé	½ tasse	125 mL
Poires tranchées, en conserve, égouttées, jus réservé	2 × 14 oz	2 × 398 mL
Amandes tranchées, grillées	2 c. à soupe	30 mL

Faire fondre la margarine dans le wok chaud ou dans une poêle à frire. Ajouter le sucre, le piment de la Jamaïque et le jus des poires. Remuer jusqu'à ce que le sucre soit dissous.

Ajouter les poires et les amandes. Remuer délicatement pendant 1 minute. Donne 425 mL (1¾ tasse). Pour 6 personnes.

1 portion : 210 calories; 9,3 g de matières grasses totales; 104 mg de sodium; 1 g de protéines; 34 g de glucides; 3 g de fibres alimentaires

Desserts

Mangues

Un dessert délicieux, bon avec ou sans l'essence d'amande.
À servir avec de la crème glacée ou un feston de garniture fouettée.

Sucre granulé	½ tasse	125 mL
Eau	¼ tasse	60 mL
Jus de citron	1 c. à thé	5 mL
Mangues, pelées et tranchées	2	2
Essence d'amande (facultatif)	¼ c. à thé	1 mL
Cannelle moulue, juste une pincée		

Chauffer le wok ou la poêle à frire à feu mi-fort. Ajouter le sucre. Remuer environ 3 minutes, jusqu'à ce que le sucre soit fondu et caramélisé.

Ajouter l'eau lentement parce que le mélange crépite beaucoup. Remuer environ 1 minute jusqu'à ce que le caramel et l'eau soient combinés.

Ajouter le jus de citron et les mangues. Remuer délicatement environ 1 minute, jusqu'à ce que les mangues soient molles et nappées de caramel.

Incorporer l'essence d'amande en remuant et saupoudrer de cannelle. Pour 4 personnes.

1 portion : 169 calories; 0,3 g de matières grasses totales; 2 mg de sodium; 1 g de protéines; 44 g de glucides; 2 g de fibres alimentaires

Photo à la page 17.

Crêpes aux raisins secs

Si les crêpes sont déjà prêtes, ce joli dessert peut être assemblé en un tour de main. À servir avec une sauce à la vanille ou au caramel.

Margarine dure (ou beurre)	2 c. à thé	10 mL
Eau	3 c. à soupe	50 mL
Ricotta partiellement écrémé, écrasé à la fourchette ou passé à la passoire	1⅓ tasse	325 mL
Essence de rhum	2 c. à thé	10 mL
Cannelle moulue, juste une pincée		
Muscade moulue, juste une pincée		
Raisins secs, grossièrement hachés	⅔ tasse	150 mL
Pouding à la vanille (contenants d'environ 99 g, 3½ oz)	2	2
Crêpes (de 15 cm, 6 po)	8	8

(suite...)

Desserts

Faire fondre la margarine dans le wok chaud ou dans une poêle à frire. Ajouter l'eau, le ricotta, l'essence de rhum, la cannelle et la muscade. Remuer. Ajouter les raisins secs. Remuer jusqu'à ce que la préparation soit bien réchauffée.

Ajouter le pouding. Remuer environ 1 minute, pour combiner le tout. Donne 500 mL (2 tasses) de garniture.

Répartir la garniture au centre des crêpes. Rabattre le bord des crêpes vers le milieu, sur la garniture. Donne 8 crêpes.

1 crêpe garnie : 152 calories; 6 g de matières grasses totales; 96 mg de sodium; 7 g de protéines; 19 g de glucides; 1 g de fibres alimentaires

Bananes au caramel

Une sauce au caramel riche et épaisse tiède pour arroser de la crème glacée.

Margarine dure (ou beurre)	3 c. à soupe	50 mL
Cassonade, tassée	¾ tasse	175 mL
Sirop de maïs foncé	30 mL	
Vanille	¼ c. à thé	1 mL
Eau (ou liqueur d'abricot)	1 c. à soupe	15 mL
Bananes moyennes, tranchées	3	3

Faire fondre la margarine dans le wok chaud ou dans une poêle à frire. Ajouter la cassonade. Remuer environ 2 minutes jusqu'à ce que le mélange soit pâle et mousseux.

Ajouter le sirop de maïs et la vanille. Ajouter l'eau lentement parce que le mélange crépite beaucoup. Remuer pendant 1 minute.

Ajouter les bananes. Remuer pendant 1 minute pour les enrober. Donne 500 mL (2 tasses). Pour 4 personnes.

1 portion : 333 calories; 9,1 g de matières grasses totales; 124 mg de sodium; 1 g de protéines; 66 g de glucides; 1 g de fibres alimentaires

Mêlée d'oranges et de bananes

Un joli dessert, bien coloré. Il contient juste assez de cannelle.

Sirop de maïs doré	¼ tasse	60 mL
Jus d'orange	¼ tasse	60 mL
Cannelle moulue	¹⁄₁₆ c. à thé	0,5 mL
Quartiers de mandarines, en conserve, égouttés	10 oz	284 mL
Bananes moyennes, tranchées	2	2

Mettre le sirop de maïs, le jus d'orange et la cannelle dans le wok ou la poêle à frire. Chauffer en remuant à feu moyen-fort pendant environ 2 minutes, jusqu'à ce que la préparation bouillonne.

Ajouter les quartiers de mandarines et les bananes. Remuer pendant environ 1 minute pour réchauffer les fruits. Donne 500 mL (2 tasses). Pour 4 personnes.

1 portion : 129 calories; 0,3 g de matières grasses totales; 16 mg de sodium; 1 g de protéines; 33 g de glucides; 1 g de fibres alimentaires

Poires au chocolat

Deux goûts qui sont souvent combinés, pour des raisons évidemment délicieuses!

Margarine dure (ou beurre)	1 c. à soupe	15 mL
Sirop de maïs doré	2 c. à soupe	30 mL
Sucre granulé	¼ tasse	60 mL
Cacao	2 c. à soupe	30 mL
Eau	2 c. à soupe	30 mL
Vanille	¼ c. à thé	1 mL
Sel, juste une pincée		
Poires fraîches, pelées, épépinées et coupées en gros morceaux (voir Remarque)	3	3
Jus de citron, un filet		

Mettre les 7 premiers ingrédients dans le wok ou la poêle à frire. Chauffer à feu mi-fort en remuant pendant environ 1 minute, jusqu'à ce que la préparation bouille.

Arroser les poires de jus de citron. Les ajouter au mélange de cacao. Remuer doucement pendant 1 minute, jusqu'à ce que les poires soient tendres. Donne 500 mL (2 tasses). Pour 4 personnes.

1 portion : 188 calories; 3,7 g de matières grasses totales; 42 mg de sodium; 1 g de protéines; 42 g de glucides; 5 g de fibres alimentaires

Remarque : On peut remplacer les poires fraîches par des poires en conserve, égouttées. Le cas échéant, n'utiliser que 30 mL (2 c. à soupe) de sucre.

Desserts

Bananes aux fraises

Les fraises et les bananes s'accordent toujours à merveille.

Eau	¼ tasse	60 mL
Fécule de maïs	1 c. à thé	5 mL
Cannelle moulue	⅛ c. à thé	0,5 mL
Essence d'amande	½ c. à thé	2 mL
Pacanes, hachées (facultatif)	2 c. à soupe	30 mL
Margarine dure (ou beurre)	2 c. à soupe	30 mL
Sucre granulé	¼ tasse	60 mL
Jus de citron	2 c. à soupe	30 mL
Bananes, tranchées en diagonale	1⅔ tasse	400 mL
Fraises fraîches, écrasées	¾ tasse	175 mL
Fraises fraîches, coupées en moitiés	18	18

Délayer la fécule de maïs dans l'eau dans un petit bol. Ajouter la cannelle, l'essence d'amande et les pacanes. Mettre de côté.

Faire fondre la margarine dans le wok chaud ou dans une poêle à frire. Incorporer le sucre en remuant. Cuire pendant environ 1 minute, jusqu'à ce que la préparation commence à bouillonner.

Mettre les bananes et les fraises dans un bol moyen et les arroser de jus de citron. Remuer pour les napper complètement, puis les incorporer au mélange de sucre en remuant délicatement.

Remuer le mélange de fécule de maïs et l'ajouter au mélange de bananes. Remuer pendant environ 1 minute, jusqu'à ce que la préparation bouillonne. Donne 875 mL (3½ tasses). Pour 4 personnes.

1 portion : 183 calories; 6,5 g de matières grasses totales; 71 mg de sodium; 1 g de protéines; 33 g de glucides; 3 g de fibres alimentaires

Photo à la page 17.

 *conseil* *Pour réduire la teneur en gras des plats fricassés, remplacez l'huile de cuisson par du vin ou du bouillon.*

Corégone aux amandes

Les contrastes ne manquent pas. Les amandes grillées sont fermes sous la dent.

Eau	½ tasse	125 mL
Fécule de maïs	1 c. à soupe	15 mL
Jus de citron	1 c. à soupe	15 mL
Persil en flocons	1 c. à thé	5 mL
Sucre granulé	1 c. à thé	5 mL
Sel	¾ c. à thé	4 mL
Poivre, une pincée		
Huile de cuisson	1 c. à thé	5 mL
Amandes, tranchées	¼ tasse	60 mL
Huile de cuisson	1 c. à soupe	15 mL
Filet de corégone, coupé en cubes de 2 cm (¾ po)	¾ lb	340 g
Pois à écosser frais, tranchés en deux sur le travers (ou 170 g, 6 oz, de pois surgelés, partiellement dégelés)	2 tasses	500 mL
Poivron rouge, vert et jaune, coupé en lanières	1 tasse	250 mL

Délayer la fécule de maïs dans l'eau dans un petit bol. Ajouter les 5 prochains ingrédients. Remuer. Mettre de côté.

Chauffer le wok ou la poêle à frire à feu moyen. Y verser la première quantité d'huile de cuisson. Ajouter les amandes. Faire fricasser en remuant environ 30 secondes, jusqu'à ce que les amandes soient légèrement dorées. Il faut surveiller la cuisson étroitement pour ne pas brûler les amandes. Mettre celles-ci dans une petite assiette.

Augmenter le feu au réglage mi-fort. Verser la seconde quantité d'huile dans le wok chaud. Ajouter le poisson et les pois. Faire fricasser en remuant pendant 4 à 5 minutes, jusqu'à ce que le poisson soit opaque. Verser le tout dans un bol.

Mettre les lanières de poivron dans le wok chaud. Faire fricasser en remuant environ 2 minutes jusqu'à ce qu'ils soient tendres, mais encore croquants. Ajouter le poisson et les pois. Remuer le mélange de fécule de maïs et l'ajouter au mélange de poisson. Remuer jusqu'à ce que la préparation bouille et épaississe. Répandre les amandes grillées sur le dessus. Pour 4 personnes.

1 portion : 245 calories; 13 g de matières grasses totales; 557 mg de sodium; 20 g de protéines; 13 g de glucides; 3 g de fibres alimentaires

 *conseil* *Pour faire fricasser du poisson, il faut choisir des poissons à chair ferme, comme le turbot, le brochet, la baudroie, le bar commun, le requin, l'espadon ou le thon.*

Fricassée de perche

Avec sa sauce rouge, ce plat est aussi beau que bon.
Il plaît même à ceux qui ne raffolent de poisson.

Jus réservé des tomates		
Farine tout usage	2 c. à soupe	30 mL
Sel	¼ c. à thé	1 mL
Poivre	¼ c. à thé	1 mL
Sucre granulé	½ c. à thé	2 mL
Gingembre moulu	¼ c. à thé	1 mL
Tomates étuvées, en conserve, égouttées, jus réservé	14 oz	398 mL
Huile de cuisson	1 c. à thé	5 mL
Petit oignon, tranché fin	1	1
Champignons frais, tranchés	1½ tasse	375 mL
Relish de cornichons sucrés	2 c. à thé	10 mL
Sauce Worcestershire	2 c. à thé	10 mL
Huile de cuisson	1 c. à soupe	15 mL
Filet de perche, coupé en cubes de 2,5 cm (1 po)	¾ lb	340 g
Oignons verts, tranchés	3	3

Combiner graduellement le jus des tomates et la farine dans un bol moyen, jusqu'à ce qu'il ne reste plus de grumeaux. Ajouter les 5 prochains ingrédients. Remuer. Mettre de côté.

Chauffer le wok ou la poêle à frire à feu mi-fort. Y verser la première quantité d'huile de cuisson. Ajouter l'oignon. Faire fricasser en remuant environ 1 minute, jusqu'à ce qu'il soit mou.

Ajouter les champignons, le relish et la sauce Worcestershire. Faire fricasser en remuant environ 2 minutes, jusqu'à ce que les champignons soient dorés. Verser le tout dans un bol.

Verser la seconde quantité d'huile dans le wok chaud. Ajouter le poisson et les oignons verts. Faire fricasser en remuant environ 3 minutes, jusqu'à ce que le poisson soit opaque. Ajouter le mélange de champignons. Incorporer le mélange de farine à celui de poisson en remuant jusqu'à ce que la préparation bouille et épaississe. Pour 4 personnes.

1 portion : 181 calories; 5,8 g de matières grasses totales; 538 mg de sodium; 19 g de protéines; 14 g de glucides; 2 g de fibres alimentaires

Thon, poireaux et riz

Un plat savoureux, au goût léger de poisson.

Vin blanc (ou jus de pomme)	¼ tasse	60 mL
Margarine dure (ou beurre)	¼ tasse	60 mL
Romarin moulu	1 c. à thé	5 mL
Sel	½ c. à thé	2 mL
Poivre	⅛ c. à thé	0,5 mL
Huile de cuisson	1 c. à soupe	15 mL
Filet de thon, coupé en bâtonnets courts	¾ lb	340 g
Poireaux, émincés ou hachés (partie blanche seulement)	1 tasse	250 mL
Feuilles de romaine foncée, tranchées et tassées	1 tasse	250 mL
Riz instantané	1½ tasse	375 mL
Eau bouillante	1½ tasse	375 mL

Mettre les 5 premiers ingrédients dans un petit bol. Remuer. Mettre de côté.

Chauffer le wok ou la poêle à frire à feu mi-fort. Y verser l'huile de cuisson. Ajouter le poisson et les poireaux. Faire fricasser en remuant environ 2 minutes, jusqu'à ce que le poisson soit opaque.

Ajouter la romaine, le riz et l'eau bouillante. Couvrir. Laisser mijoter jusqu'à ce qu'il ne reste plus d'eau. Ajouter le mélange de vin. Remuer jusqu'à ce que la préparation soit bien réchauffée. Pour 4 personnes.

1 portion : 402 calories; 16,9 g de matières grasses totales; 525 mg de sodium; 22 g de protéines; 36 g de glucides; 1 g de fibres alimentaires

Photo à la page 53.

Fricassée des îles du Sud

Le lait de noix de coco enrobe le poisson.

Lait de noix de coco, en conserve	½ tasse	125 mL
Farine tout usage	1½ c. à soupe	25 mL
Vin blanc (ou jus de pomme)	1 c. à soupe	15 mL
Huile de cuisson	1 c. à soupe	15 mL
Filet de mahi-mahi (ou autre poisson blanc à chair ferme), coupé en cubes de 2 cm (¾ po)	¾ lb	340 g
Sel, une pincée		
Poivre, une pincée		
Noix macadamia (ou amandes) hachées, grillées	1 c. à soupe	15 mL

(suite...)

Combiner graduellement le lait de coco et la farine dans un petit bol, jusqu'à ce qu'il ne reste plus de grumeaux. Ajouter le vin. Remuer. Mettre de côté.

Chauffer le wok ou la poêle à frire à feu mi-fort. Y verser l'huile de cuisson. Ajouter le poisson. Faire fricasser en remuant jusqu'à ce que le poisson soit opaque. Saler et poivrer. Mettre le poisson dans un bol moyen. Remuer le mélange de farine et le verser dans le wok. Remuer jusqu'à ce que la préparation bouille et épaississe. Ajouter le poisson. Remuer doucement pour réchauffer le tout.

Répandre les noix sur le poisson. Pour 4 personnes.

1 portion : 203 calories; 12,9 g de matières grasses totales; 80 mg de sodium; 17 g de protéines; 5 g de glucides; 1 g de fibres alimentaires

Fricassée de goberge

Servir sur des nouilles chaudes ou des vol-au-vent pour créer un plat encore plus spécial.

Vermouth	¼ tasse	60 mL
Fécule de maïs	2 c. à thé	10 mL
Jus de citron	1 c. à soupe	15 mL
Sel	½ c. à thé	2 mL
Poivre	¼ c. à thé	1 mL
Macis moulu	⅛ c. à thé	0,5 mL
Thym moulu	⅛ c. à thé	0,5 mL
Margarine dure (le beurre dore trop vite)	1 c. à soupe	15 mL
Poireaux (partie blanche seulement), coupés en deux sur la longueur puis en dés	1	1
Champignons frais, tranchés	2 tasses	500 mL
Huile de cuisson	1 c. à soupe	15 mL
Filet de goberge, coupé en cubes de 2 cm (¾ po)	1 lb	454 g

Délayer la fécule de maïs dans le vermouth dans un petit bol. Ajouter les 5 prochains ingrédients. Remuer. Mettre de côté.

Chauffer le wok ou la poêle à frire à feu mi-fort. Y mettre la margarine, puis ajouter les poireaux. Faire fricasser en remuant environ 2 minutes, jusqu'à ce que les poireaux soient mous.

Ajouter les champignons. Faire fricasser en remuant jusqu'à ce qu'ils soient mous. Mettre les légumes dans un bol.

Mettre l'huile de cuisson et le poisson dans le wok chaud. Faire fricasser en remuant environ 2 minutes, jusqu'à ce que le poisson soit opaque. Remuer le mélange de fécule de maïs et l'ajouter au mélange de poisson. Remuer doucement jusqu'à ce que la préparation bouille et épaississe. Ajouter le mélange de poireaux. Remuer délicatement pour réchauffer le tout. Pour 4 personnes.

1 portion : 243 calories; 11,5 g de matières grasses totales; 450 mg de sodium; 24 g de protéines; 8 g de glucides; 1 g de fibres alimentaires

Thon et nouilles en sauce

La présentation est colorée. Un plat bien crémeux.

Thon en conserve, non égoutté	6½ oz	184 g
Pacanes, hachées	3 c. à soupe	50 mL
Margarine dure (ou beurre)	2 c. à soupe	30 mL
Jus de citron	1½ c. à soupe	25 mL
Basilic déshydraté	½ c. à thé	2 mL
Sauce soja à basse teneur en sodium	½ c. à thé	2 mL
Nouilles larges	8 oz	225 g
Eau bouillante	3 pte	3 L
Huile de cuisson (facultatif)	1 c. à soupe	15 mL
Sel	2 c. à thé	10 mL
Huile de cuisson	2 c. à soupe	30 mL
Pois à écosser surgelés, partiellement dégelés (ou 500 mL, 2 tasses, de pois frais)	6 oz	170 g
Poivrons assortis, en lanières	1 tasse	250 mL
Persil frais, haché	2 c. à soupe	30 mL
Champignons frais, tranchés	1 tasse	250 mL
Sel, une pincée		
Poivre, une pincée		

Mettre les 6 premiers ingrédients dans le mélangeur. Combiner jusqu'à ce qu'il ne reste plus de grumeaux. Mettre de côté.

Cuire les nouilles dans l'eau bouillante additionnée de la première quantité d'huile de cuisson et de sel dans une grande casserole ou un faitout découvert pendant 10 à 12 minutes, jusqu'à ce qu'elles soient tendres, mais encore fermes. Égoutter. Remettre les nouilles dans la casserole et les couvrir pour les garder au chaud.

Chauffer le wok ou la poêle à frire à feu mi-fort. Y verser la seconde quantité d'huile. Ajouter les pois, les poivrons, le persil et les champignons. Saler et poivrer. Faire fricasser en remuant pendant 5 à 7 minutes jusqu'à ce que les légumes soient tendres, mais encore croquants. Ajouter le mélange de thon. Remuer jusqu'à ce que la préparation soit chaude. Servir sur les nouilles chaudes. Donne 2 L (8 tasses). Pour 4 personnes.

1 portion : 443 calories; 17,9 g de matières grasses totales; 235 mg de sodium; 21 g de protéines; 50 g de glucides; 4 g de fibres alimentaires

Variante : Omettre les pois à écosser et ajouter 500 mL (2 tasses) de petits pois surgelés.

Vivaneau à l'aneth

Un excellent plat, qui contient des asperges, et plus.

Yogourt nature faible en gras	½ tasse	125 mL
Jus de citron	½ c. à thé	2 mL
Sucre granulé	½ c. à thé	2 mL
Poudre d'oignon	¼ c. à thé	1 mL
Aneth déshydraté (ou 10 mL, 2 c. à thé, d'aneth frais, haché)	½ c. à thé	2 mL
Huile de cuisson	2 c. à thé	10 mL
Asperges fraîches, parties dures enlevées, coupées en longueurs de 2,5 cm (1 po)	½ lb	225 g
Pois à écosser surgelés, partiellement dégelés (ou 500 mL, 2 tasses, de pois frais)	6 oz	170 g
Maïs en grains surgelé	1 tasse	250 mL
Huile de cuisson	1 c. à thé	5 mL
Petit oignon, tranché	1	1
Huile de cuisson	1 c. à soupe	15 mL
Filet de vivaneau, coupé en morceaux de 2 cm (¾ po)	¾ lb	340 g
Ciboulette, hachée	1 c. à soupe	15 mL
Sel, une pincée		
Poivre, une pincée		

Mettre les 5 premiers ingrédients dans un petit bol. Remuer. Mettre de côté.

Chauffer le wok ou la poêle à frire à feu mi-fort. Y verser la première quantité d'huile de cuisson. Ajouter les asperges, les pois et le maïs. Faire fricasser en remuant pendant 4 à 5 minutes. Verser le tout dans un bol.

Verser la deuxième quantité d'huile dans le wok chaud. Ajouter l'oignon. Faire fricasser en remuant environ 2 minutes, jusqu'à ce qu'il soit mou. Ajouter l'oignon aux légumes, dans le bol.

Verser la troisième quantité d'huile dans le wok chaud. Ajouter le poisson et la ciboulette. Faire fricasser en remuant environ 4 minutes, jusqu'à ce que le poisson soit opaque. Saler et poivrer. Ajouter le mélange de légumes. Faire fricasser en remuant jusqu'à ce que la préparation soit chaude. Ajouter le mélange de yogourt. Remuer jusqu'à ce que la préparation bouillonne. Donne 1 L (4 tasses). Pour 4 personnes.

1 portion : 243 calories; 9,1 g de matières grasses totales; 82 mg de sodium; 24 g de protéines; 19 g de glucides; 3 g de fibres alimentaires

Photo à la page 90.

Crevettes clin d'œil

Un plat de riz vite fait, d'où son nom.

Huile de cuisson	2 c. à thé	10 mL
Macédoine de légumes à l'orientale surgelée	1 lb	454 g
Petites crevettes cuites surgelées, dégelées en les rinçant à l'eau froide	½ lb	225 g
Riz instantané	1½ tasse	375 mL
Bouillon de poulet en poudre	1 c. à thé	5 mL
Sel	¾ c. à thé	4 mL
Poivre	¼ c. à thé	1 mL
Eau bouillante	1½ tasse	375 mL

Chauffer le wok ou la poêle à frire à feu mi-fort. Y verser l'huile de cuisson. Rincer la macédoine à l'eau froide pour la dégeler partiellement. Couper les gros morceaux pour que les légumes soient tous de même taille. Mettre la macédoine dans le wok. Faire fricasser en remuant pendant 4 à 5 minutes.

Ajouter les crevettes. Faire fricasser en remuant environ 1 minute jusqu'à ce que la préparation soit chaude.

Ajouter les 5 derniers ingrédients. Remuer. Baisser le feu. Couvrir. Cuire à la vapeur pendant 1 minute. Retirer du feu. Laisser reposer pendant 6 minutes, jusqu'à ce qu'il ne reste plus de liquide. Pour 4 personnes.

1 portion : 269 calories; 3,8 g de matières grasses totales; 860 mg de sodium; 16 g de protéines; 42 g de glucides; 3 g de fibres alimentaires

Crevettes aigres-douces

Ce plat est habituellement servi sur un lit de riz chaud.

Eau	2 c. à soupe	30 mL
Fécule de maïs	1 c. à soupe	15 mL
Vinaigre blanc	2 c. à soupe	30 mL
Sucre granulé	2 c. à soupe	30 mL
Sauce soja à basse teneur en sodium	1 c. à soupe	15 mL
Ketchup	1 c. à soupe	15 mL
Sel	½ c. à thé	2 mL
Paprika	⅛ c. à thé	0,5 mL
Huile de cuisson	1½ c. à thé	7 mL
Gros poivron vert, coupé en dés	1	1
Huile de cuisson	1½ c. à thé	7 mL
Petites crevettes fraîches non cuites, écalées et nettoyées	¾ lb	340 g

(suite...)

Délayer la fécule de maïs dans l'eau dans un petit bol. Ajouter les 6 prochains ingrédients. Remuer. Mettre de côté.

Chauffer le wok ou la poêle à frire à feu mi-fort. Y verser la première quantité d'huile de cuisson. Ajouter le poivron vert. Faire fricasser en remuant pendant 1 minute. Avec une écumoire, mettre le poivron vert dans un bol.

Verser la seconde quantité d'huile dans le wok chaud. Ajouter les crevettes. Faire fricasser en remuant jusqu'à ce qu'elles soient roses et recroquevillées. Ajouter le poivron vert. Remuer le mélange de fécule de maïs et l'ajouter au mélange de crevettes dans le wok. Remuer jusqu'à ce que la préparation bouille et épaississe. Pour 4 personnes.

1 portion : 164 calories; 4,8 g de matières grasses totales; 674 mg de sodium; 18 g de protéines; 12 g de glucides; trace de fibres alimentaires

Crevettes au noir

Noires au goût, mais non à la couleur. Ces bouchées hors-d'œuvre sont bien relevées. Servir avec des pique-fruits.

Crevettes moyennes fraîches non cuites, écalées et nettoyées, séchées avec un essuie-tout	1 lb	454 g
Huile de cuisson	2 c. à thé	10 mL
Sel	½ c. à thé	2 mL
Poivre	¼ c. à thé	1 mL
Poudre d'ail	¼ c. à thé	1 mL
Poudre d'oignon	¼ c. à thé	1 mL
Sel au céleri	¼ c. à thé	1 mL
Moutarde sèche	¼ c. à thé	1 mL
Poivre de Cayenne	¼ c. à thé	1 mL
Poudre Chili	¼ c. à thé	1 mL

Combiner les crevettes et l'huile de cuisson dans un bol moyen.

Combiner les 8 derniers ingrédients dans un petit bol. Chauffer le wok ou la poêle à frire à feu mi-fort. Mettre les crevettes dans le wok. Les saupoudrer avec le mélange d'épices. Faire fricasser en remuant jusqu'à ce que les crevettes grésillent. Le fond du wok noircit plutôt que les crevettes. Donne 36 crevettes.

3 crevettes : 48 calories; 1,5 g de matières grasses totales; 199 mg de sodium; 8 g de protéines; 1 g de glucides; trace de fibres alimentaires

Photo sur la couverture.

Crevettes à l'ail

*Un bon goût de beurre à l'ail, mais qui ne masque pas
celui des crevettes. Excellent comme hors-d'œuvre chaud ou froid.*

Huile d'olive (ou de cuisson)	3 c. à soupe	50 mL
Beurre (ou margarine dure), fondu	3 c. à soupe	50 mL
(le beurre est préférable)		
Gousses d'ail, émincées	2	2
Jus de citron	1 c. à soupe	15 mL
Persil frais, haché	2 c. à soupe	30 mL
Poudre d'oignon	¼ c. à thé	1 mL
Grosses crevettes fraîches non cuites, avec	¾ lb	340 g
la queue, écalées et nettoyées		

Sel, une petite pincée
Poivre, une pincée

Mettre les 6 premiers ingrédients dans un bol moyen. Bien remuer.

Ajouter les crevettes. Remuer pour les napper du mélange. Couvrir. Laisser mariner au réfrigérateur pendant 30 minutes, en remuant une ou deux fois.

Chauffer le wok ou la poêle à frire à feu mi-fort. Retirer les crevettes de la marinade avec une écumoire et les mettre dans le wok. Jeter le reste de marinade. Faire fricasser les crevettes en remuant pendant environ 5 minutes, jusqu'à ce qu'elles soient roses et recroquevillées. Saler et poivrer. Donne environ 24 crevettes.

*3 crevettes : 131 calories; 10,3 g de matières grasses totales; 108 mg de sodium; 9 g de protéines;
1 g de glucides; trace de fibres alimentaires*

1. Bœuf de l'Extrême-Orient, page 24
2. Bœuf à l'orientale, page 14
3. Rouleaux printaniers, page 141

Accessoires fournis par : Chintz & Company
Salisbury Greenhouses

Crabe et artichauts

On peut servir ce plat sur des tranches de baguette grillées ou sur des nouilles ou du riz chauds.

Lait	½ tasse	125 mL
Fécule de maïs	2 c. à thé	10 mL
Sel	¼ c. à thé	1 mL
Poivre	¹⁄₁₆ c. à thé	0,5 mL
Sel à l'ail	¹⁄₁₆ c. à thé	0,5 mL
Bouillon de poulet en poudre	1 c. à thé	5 mL
Huile de cuisson	1 c. à soupe	15 mL
Oignon haché	½ tasse	125 mL
Champignons frais, hachés	1 tasse	250 mL
Chair de crabe, cartilage ôté (ou simili-crabe)	¾ lb	340 g
Artichauts, en conserve, égouttés et coupés en morceaux	14 oz	398 mL
Sherry (ou sherry sans alcool)	1½ c. à soupe	25 mL
Cheddar mi-fort, râpé	¼ tasse	60 mL

Délayer la fécule de maïs dans le lait dans un petit bol. Ajouter les 4 prochains ingrédients. Remuer. Mettre de côté.

Chauffer le wok ou la poêle à frire à feu mi-fort. Y verser l'huile de cuisson. Ajouter l'oignon et les champignons. Faire fricasser en remuant jusqu'à ce qu'ils soient mous.

Ajouter la chair de crabe et les artichauts. Remuer le mélange de fécule de maïs et l'ajouter au mélange de crabe. Remuer jusqu'à ce que la préparation bouille et épaississe.

Incorporer le sherry et le fromage en remuant. Donne 625 mL (2½ tasses).

½ tasse (125 mL) : 162 calories; 6,1 g de matières grasses totales; 841 mg de sodium; 17 g de protéines; 9 g de glucides; 3 g de fibres alimentaires

1. Porc aux olives, page 86
2. Bœuf à la méditerranéenne, page 27

Accessoires fournis par : Le Gnome
La Baie

Pétoncles fricassés aux agrumes

Les pétoncles dégagent une odeur des plus alléchantes en cours de cuisson.

Sauce soja à basse teneur en sodium	2 c. à soupe	30 mL
Fécule de maïs	2 c. à thé	10 mL
Jus de pamplemousse	2 c. à soupe	30 mL
Jus d'orange	2 c. à soupe	30 mL
Jus de citron	1 c. à thé	5 mL
Gingembre moulu	¼ c. à thé	1 mL
Huile de cuisson	1 c. à soupe	15 mL
Pétoncles, coupés en moitiés	¾ lb	340 g
Oignons verts, tranchés en longueurs de 2,5 cm (1 po)	4	4
Petit pamplemousse rose, pelé et divisé en sections ou tranché	½	½
Orange moyenne, pelée et divisée en sections (utiliser plus d'orange que de pamplemousse)	1	1

Délayer la fécule de maïs dans la sauce soja dans un petit bol. Ajouter les 4 prochains ingrédients. Remuer. Mettre de côté.

Chauffer le wok ou la poêle à frire à feu mi-fort. Y verser l'huile de cuisson. Ajouter les pétoncles et les oignons verts. Faire fricasser en remuant pendant 4 à 5 minutes, jusqu'à ce que les pétoncles soient blancs et opaques.

Ajouter les sections de pamplemousse et d'orange. Remuer le mélange de fécule de maïs et l'ajouter au mélange de pétoncles. Remuer jusqu'à ce que la préparation bouille et épaississe. Pour 4 personnes.

1 portion : 151 calories; 4,2 g de matières grasses totales; 451 mg de sodium; 16 g de protéines; 13 g de glucides; 1 g de fibres alimentaires

Pétoncles en sauce

Un mélange d'ingrédients agréable, qui ne masque pas le goût délicat des pétoncles.

Sauce à salade (ou mayonnaise)	⅓ tasse	75 mL
Légumes feuilles foncés (romaine ou épinards), hachés et tassés	¼ tasse	60 mL
Oignons verts, hachés	¼ tasse	60 mL
Lait	2 c. à soupe	30 mL
Aneth	½ c. à thé	2 mL
Huile de cuisson	1 c. à soupe	15 mL
Pétoncles, coupés s'ils sont gros	¾ lb	340 g
Pois à écosser frais (ou 170 g, 6 oz, de pois surgelés, partiellement dégelés)	2 tasses	500 mL

(suite...)

Combiner les 5 premiers ingrédients dans un petit bol. Mettre de côté.

Chauffer le wok ou la poêle à frire à feu mi-fort. Y verser l'huile de cuisson. Ajouter les pétoncles et les pois. Faire fricasser en remuant pendant 4 à 5 minutes, jusqu'à ce que les pétoncles soient blancs et opaques. Ajouter le mélange de sauce à salade aux pétoncles. Remuer pendant 30 secondes pour réchauffer le tout. Pour 4 personnes.

1 portion : 237 calories; 14,4 g de matières grasses totales; 273 mg de sodium; 16 g de protéines; 10 g de glucides; 2 g de fibres alimentaires

Crevettes à la créole

Ce joli plat est légèrement épicé. Pour gagner du temps,
utiliser des lanières de poivron surgelé. Servir sur un lit de riz chaud.

Tomates en dés, en conserve, égouttées	14 oz	398 mL
Ketchup	1 c. à soupe	15 mL
Poudre Chili	1 c. à thé	5 mL
Cassonade, tassée	2 c. à thé	10 mL
Sel	1 c. à thé	5 mL
Poivre de Cayenne	$1/8$ c. à thé	0,5 mL
Huile de cuisson	2 c. à thé	10 mL
Petit poivron vert, coupé en lanières	$1/2$	$1/2$
Petit poivron rouge, coupé en lanières	$1/2$	$1/2$
Petit poivron jaune, coupé en lanières	$1/2$	$1/2$
Céleri, tranché fin	$1/3$ tasse	75 mL
Oignon, tranché	$1/2$ tasse	125 mL
Crevettes moyennes cuites surgelées, dégelées sous l'eau froide	1 lb	454 g

Mettre les 6 premiers ingrédients dans un petit bol. Remuer. Mettre de côté.

Chauffer le wok ou la poêle à frire à feu mi-fort. Y verser l'huile de cuisson. Ajouter les lanières de poivron, le céleri et l'oignon. Faire fricasser en remuant environ 3 minutes.

Ajouter les crevettes. Faire fricasser en remuant jusqu'à ce que la préparation soit chaude et grésille. Ajouter le mélange de tomates. Remuer pour réchauffer le tout. Donne environ 750 mL (3 tasses). Pour 4 personnes.

1 portion : 186 calories; 4 g de matières grasses totales; 1 166 mg de sodium; 25 g de protéines; 12 g de glucides; 2 g de fibres alimentaires

Photo à la page 90.

Asperges et crevettes

Un plat appétissant et savoureux, à servir sur
du riz blanc chaud pour faire contraster les couleurs.

Huile de cuisson	1 c. à soupe	15 mL
Oignon moyen, tranché	1	1
Asperges fraîches, parties dures enlevées, coupées en longueurs de 5 cm (2 po)	1 lb	454 g
Sel, une pincée		
Poivre, une pincée		
Huile de cuisson	1 c. à thé	5 mL
Crevettes moyennes fraîches non cuites, écalées et nettoyées	¾ lb	340 g
Sauce soja à basse teneur en sodium	1 c. à soupe	15 mL
Graines de sésame, grillées	1 c. à soupe	15 mL

Chauffer le wok ou la poêle à frire à feu mi-fort. Y verser la première quantité d'huile de cuisson. Ajouter l'oignon et les asperges. Faire fricasser en remuant pendant 5 à 6 minutes, jusqu'à ce qu'elles soient tendres, mais encore croquantes. Saler et poivrer. Verser le tout dans un bol.

Verser la seconde quantité d'huile dans le wok chaud. Ajouter les crevettes. Faire fricasser en remuant pendant 4 à 5 minutes, jusqu'à ce qu'elles soient roses et recroquevillées. Ajouter les légumes. Remuer pour réchauffer le tout.

Ajouter la sauce soja. Remuer.

Répandre les graines de sésame sur le dessus. Pour 4 personnes.

1 portion : 224 calories; 12,1 g de matières grasses totales; 286 mg de sodium; 22 g de protéines;
8 g de glucides; 3 g de fibres alimentaires

 *Lorsque vous faites fricasser des crevettes, installez tout le monde à table avant de commencer, et faites circuler le pain, ou la salade, ou autre chose. Ainsi, vous pouvez servir le plat fricassé dès qu'il est prêt. Peu de choses sont aussi délicieuses que des crevettes fraîchement cuites, tout comme peu de choses sont aussi peu appétissantes que des crevettes sèches et dures parce qu'elles ont cuit ou reposé trop longtemps.*

Crevettes et artichauts

Un plat à servir à des invités, sur des nouilles larges ou des plumes chaudes.

Lait	½ tasse	125 mL
Fécule de maïs	1 c. à soupe	15 mL
Sherry (ou sherry sans alcool)	1 c. à soupe	15 mL
Sauce Worcestershire	1 c. à thé	5 mL
Sel	¼ c. à thé	1 mL
Poivre	¹⁄₁₆ c. à thé	0,5 mL
Huile de cuisson	1 c. à soupe	15 mL
Champignons frais, tranchés	1 tasse	250 mL
Cœurs d'artichauts, en conserve, égouttés et coupés en deux	14 oz	398 mL
Huile de cuisson	1 c. à thé	5 mL
Crevettes moyennes fraîches non cuites, écalées et nettoyées	¾ lb	340 g
Parmesan râpé	2 c. à soupe	30 mL

Délayer la fécule de maïs dans le lait dans un petit bol. Ajouter les 4 prochains ingrédients. Remuer. Mettre de côté.

Chauffer le wok ou la poêle à frire à feu mi-fort. Y verser la première quantité d'huile de cuisson. Ajouter les champignons et les cœurs d'artichauts. Faire fricasser en remuant environ 2 minutes, jusqu'à ce qu'ils soient dorés. Verser le tout dans un bol.

Verser la seconde quantité d'huile dans le wok chaud. Ajouter les crevettes. Faire fricasser en remuant jusqu'à ce qu'elles soient roses et recroquevillées. Ajouter le mélange de champignons. Remuer le mélange de fécule de maïs et l'ajouter au mélange de crevettes. Remuer jusqu'à ce que la préparation bouille et épaississe.

Répandre le parmesan sur le dessus. Pour 4 personnes.

1 portion : 201 calories; 7,5 g de matières grasses totales; 563 mg de sodium; 22 g de protéines; 11 g de glucides; 3 g de fibres alimentaires

 *Le temps presse? Utilisez des crevettes cuites en conserve ou surgelées et des ingrédients coupés à l'avance, comme des châtaignes d'eau tranchées en conserve, pour écourter le temps de préparation.*

Crabe et légumes

La sauce aux poivrons rouges relève merveilleusement ce mélange d'ingrédients.

SAUCE AUX POIVRONS ROUGE

Petit poivron rouge	1	1
Tomate moyenne, pelée et coupée en morceaux	1	1
Vinaigre de vin rouge	1 c. à thé	5 mL
Flocons d'oignon émincé	1 c. à thé	5 mL
Poudre d'ail (ou ½ gousse, émincée)	⅛ c. à thé	0,5 mL
Sucre granulé	½ c. à thé	2 mL
Basilic déshydraté	⅛ c. à thé	0,5 mL
Origan entier déshydraté	⅛ c. à thé	0,5 mL
Huile de cuisson	1 c. à soupe	15 mL
Petit oignon rouge, tranché	1	1
Céleri, tranché	1 tasse	250 mL
Haricots verts coupés surgelés, partiellement dégelés	1 tasse	250 mL
Champignons frais, tranchés	1 tasse	250 mL
Huile de cuisson	1 c. à thé	5 mL
Simili-crabe (ou simili-homard), grossièrement haché	¾ lb	340 g
Sel, une pincée		
Poivre, une pincée		

Sauce aux poivrons rouges : Couper le poivron en quatre et l'épépiner. Le poser sur une lèchefrite avec la peau vers le haut. Le faire griller jusqu'à ce que la peau soit noire. Laisser refroidir. Enlever la peau et mettre la chair dans le mélangeur.

Mettre les 7 prochains ingrédients dans le mélangeur. Combiner jusqu'à ce que le mélange soit lisse. Donne 125 mL (½ tasse) de sauce.

Chauffer le wok ou la poêle à frire à feu mi-fort. Y verser la première quantité d'huile de cuisson. Ajouter l'oignon rouge, le céleri et les haricots verts. Faire fricasser en remuant environ 4 minutes.

Ajouter les champignons. Faire fricasser en remuant environ 2 minutes, jusqu'à ce qu'ils soient mous. Verser le tout dans un bol.

Verser la seconde quantité d'huile dans le wok chaud. Ajouter le crabe. Faire fricasser en remuant jusqu'à ce que la préparation soit chaude. Saler et poivrer. Ajouter les légumes. Remuer pour réchauffer le tout. Ajouter la sauce aux poivrons rouges. Remuer jusqu'à ce que la préparation bouillonne. Donne 1,25 L (5 tasses). Pour 4 personnes.

1 portion : 176 calories; 5,9 g de matières grasses totales; 132 mg de sodium; 22 g de protéines; 9 g de glucides; 2 g de fibres alimentaires

Fricassée de Neptune

Contient des crevettes, du thon et du crabe.
Servir sur des coquilles chaudes, pour réitérer le thème marin.

Lait	½ tasse	125 mL
Fécule de maïs	1 c. à soupe	15 mL
Sauce Worcestershire	1 c. à thé	5 mL
Sel	¼ c. à thé	1 mL
Huile de cuisson	1 c. à thé	5 mL
Oignon moyen, tranché fin	1	1
Petit poivron vert, haché	1	1
Champignons frais, tranchés	1 tasse	250 mL
Huile de cuisson	1 c. à soupe	15 mL
Crevettes moyennes fraîches non cuites, écalées et nettoyées	¼ lb	113 g
Filet de thon, coupé en cubes de 2 cm (¾ po)	¼ lb	113 g
Chair de crabe, cartilage ôté (ou simili-crabe)	¼ lb	113 g
Sherry (ou sherry sans alcool)	1 c. à soupe	15 mL

Délayer la fécule de maïs dans le lait dans un petit bol. Ajouter les 2 prochains ingrédients. Remuer. Mettre de côté.

Chauffer le wok ou la poêle à frire à feu mi-fort. Y verser la première quantité d'huile de cuisson. Ajouter l'oignon et le poivron vert. Faire fricasser en remuant pendant 3 minutes.

Ajouter les champignons. Faire fricasser en remuant environ 2 minutes, jusqu'à ce qu'ils soient dorés. Verser le tout dans un bol.

Verser la seconde quantité d'huile dans le wok chaud. Ajouter les crevettes et le thon. Faire fricasser en remuant environ 5 minutes, jusqu'à ce que les crevettes soient roses et recroquevillées et que le thon soit opaque.

Ajouter le crabe et les légumes. Remuer pour réchauffer le tout. Remuer le mélange de fécule de maïs et l'ajouter au mélange de fruits de mer. Remuer jusqu'à ce que la préparation bouille et épaississe. Incorporer le sherry en remuant. Pour 4 personnes.

1 portion : 170 calories; 6,2 g de matières grasses totales; 408 mg de sodium; 19 g de protéines; 8 g de glucides; 1 g de fibres alimentaires

Photo à la page 90.

Saumon et pâtes avec pois

Ce plat a un léger goût aigre-doux, subtilement doublé de gingembre.

Plumes (environ 225 g, 8 oz)	2²/₃ tasses	650 mL
Eau bouillante	3 pte	3 L
Huile de cuisson (facultatif)	1 c. à soupe	15 mL
Sel	2 c. à thé	10 mL
Eau	¹/₂ tasse	125 mL
Fécule de maïs	1 c. à soupe	15 mL
Vinaigre de riz	1 c. à soupe	15 mL
Sauce soja à basse teneur en sodium	1 c. à soupe	15 mL
Sucre granulé	1 c. à soupe	15 mL
Poudre d'ail	¹/₈ c. à thé	0,5 mL
Gingembre frais, râpé	1 c. à thé	5 mL
Huile de cuisson	2 c. à thé	10 mL
Pois à écosser surgelés, partiellement dégelés (ou 500 mL, 2 tasses, de pois frais)	6 oz	170 g
Oignons verts, tranchés	2 ou 3	2 ou 3
Huile de cuisson	2 c. à thé	10 mL
Filet de saumon, coupé en cubes de 2 cm (³/₄ po)	³/₄ lb	340 g

Cuire les pâtes dans l'eau bouillante additionnée de la première quantité d'huile de cuisson et de sel dans une grande casserole ou un faitout découvert pendant 10 à 12 minutes, jusqu'à ce qu'elles soient tendres, mais encore fermes. Égoutter. Remettre les pâtes dans la casserole et les couvrir pour les garder au chaud.

Délayer la fécule de maïs dans l'eau dans un petit bol. Ajouter les 5 prochains ingrédients. Remuer. Ajouter ce mélange aux pâtes, dans la casserole, et remuer à feu moyen jusqu'à ce que la préparation bouille et épaississe.

Chauffer le wok ou la poêle à frire à feu mi-fort. Y verser la deuxième quantité d'huile. Ajouter les pois et les oignons verts. Faire fricasser en remuant pendant 2 à 3 minutes. Ajouter le tout aux pâtes.

Verser la troisième quantité d'huile dans le wok chaud. Ajouter le saumon. Faire fricasser en remuant pendant 4 à 5 minutes, jusqu'à ce que le saumon s'effeuille à la fourchette. L'ajouter au mélange de pâtes. Remuer doucement pour réchauffer le tout. Pour 4 personnes.

1 portion : 445 calories; 14,5 g de matières grasses totales; 203 mg de sodium; 26 g de protéines; 51 g de glucides; 3 g de fibres alimentaires

Fricassée de morue

Délicieux servi sur du riz chaud. Une excellente façon d'apprêter la morue.

Yogourt nature	½ tasse	125 mL
Jus de citron	1 c. à soupe	15 mL
Zeste de citron râpé (écorce seulement, sans partie blanche)	½ c. à thé	2 mL
Cassonade, tassée	1 c. à soupe	15 mL
Huile de cuisson	1 c. à soupe	15 mL
Petit oignon rouge, tranché	1	1
Poivron rouge moyen, coupé en bâtonnets	1	1
Huile de cuisson	2 c. à thé	10 mL
Courgette non pelée de 12,5 cm (5 po) de long, coupée en bâtonnets fins	1	1
Champignons frais, tranchés	2 tasses	500 mL
Pois à écosser surgelés, partiellement dégelés (ou 500 mL, 2 tasses, de pois frais)	6 oz	170 g
Huile de cuisson	1 c. à thé	5 mL
Filet de morue, coupé en bâtonnets	¾ lb	340 g
Sel, une pincée		
Poivre, une pincée		
Olives vertes farcies aux piments doux	¼ tasse	60 mL
Parmesan râpé, une pincée		

Combiner les 4 premiers ingrédients dans un petit bol. Mettre de côté.

Chauffer le wok ou la poêle à frire à feu mi-fort. Y verser la première quantité d'huile de cuisson. Ajouter l'oignon rouge et le poivron rouge. Faire fricasser en remuant environ 2 minutes, jusqu'à ce qu'ils soient mous. Verser le tout dans un bol.

Verser la deuxième quantité d'huile dans le wok chaud. Ajouter les courgettes, les champignons et les pois. Faire fricasser en remuant environ 3 minutes. Ajouter ce mélange aux légumes dans le bol.

Verser la troisième quantité d'huile dans le wok chaud. Ajouter le poisson. Faire fricasser en remuant environ 2 minutes, jusqu'à ce qu'il soit opaque. Saler et poivrer. Ajouter les légumes. Ajouter le mélange de yogourt. Remuer délicatement pour réchauffer le tout.

Ajouter les olives. Remuer. Répandre le parmesan sur le dessus. Pour 4 personnes.

1 portion : 210 calories; 8,4 g de matières grasses totales; 123 mg de sodium; 19 g de protéines; 15 g de glucides; 3 g de fibres alimentaires

Fricassée de fruits de mer

Un plat qui a bonne texture. Le raifort relève le tout,
ce qui ajoute au bon goût. Servir sur du riz chaud.

Sauce chili	3 c. à soupe	50 mL
Ketchup	1 c. à soupe	15 mL
Raifort commercial	2 c. à thé	10 mL
Jus de citron	2 c. à thé	10 mL
Sauce Worcestershire	½ c. à thé	2 mL
Poudre d'oignon	¼ c. à thé	1 mL
Huile de cuisson	1 c. à soupe	15 mL
Crevettes moyennes fraîches non cuites, écalées et nettoyées	½ lb	225 g
Chair de crabe, cartilage ôté (ou simili-crabe)	¼ lb	113 g
Ciboulette hachée (ou oignons verts)	¼ tasse	60 mL
Sel, une pincée		
Poivre, une pincée		
Poivre de Cayenne, une petite pincée		

Combiner les 6 premiers ingrédients dans un petit bol. Mettre de côté.

Chauffer le wok ou la poêle à frire à feu mi-fort. Y verser l'huile de cuisson. Ajouter les crevettes. Faire fricasser en remuant environ 1 minute, jusqu'à ce qu'elles soient roses et recroquevillées.

Ajouter le crabe et la ciboulette. Faire fricasser en remuant pour réchauffer le tout. Saupoudrer de sel, de poivre et de Cayenne. Ajouter la sauce. Remuer jusqu'à ce que les fruits de mer soient nappés de sauce et bien chauds. Pour 4 personnes.

1 portion : 138 calories; 4,8 g de matières grasses totales; 470 mg de sodium; 17 g de protéines; 6 g de glucides; 1 g de fibres alimentaires

Variante : On peut aussi préparer ce plat avec 340 g (¾ lb), en tout, de crevettes, de crabe et de pétoncles.

 *conseil* *Lorsque vos mains sentent les oignons, l'ail ou le poisson, rincez-les sous le robinet, frottez-les avec du bicarbonate de soude, puis rincez-les de nouveau sous l'eau pour éliminer les odeurs.*

Porc aux noix et oignons

Un plat savoureux, bien relevé. On peut mettre davantage de poivre de Cayenne.

Eau	⅓ tasse	75 mL
Fécule de maïs	1 c. à soupe	15 mL
Vinaigre blanc	1½ c. à soupe	25 mL
Sauce soja à basse teneur en sodium	1 c. à soupe	15 mL
Cassonade, tassée	1 c. à soupe	15 mL
Bouillon de poulet en poudre	1 c. à thé	5 mL
Poudre d'oignon	¼ c. à thé	1 mL
Poivre de Cayenne	¼ c. à thé	1 mL
Huile de cuisson	1 c. à soupe	15 mL
Filet de porc, coupé en lanières fines	¾ lb	340 g
Sel, une pincée		
Poivre, une pincée		
Huile de cuisson	1 c. à thé	5 mL
Oignon rouge moyen, tranché	1	1
Gousse d'ail, émincée (ou 1 mL, ¼ c. à thé, de poudre d'ail)	1	1
Arachides, grossièrement hachées	3 c. à soupe	50 mL

Délayer la fécule de maïs dans l'eau dans un petit bol. Ajouter les 6 prochains ingrédients. Remuer. Mettre de côté.

Chauffer le wok ou la poêle à frire à feu mi-fort. Y verser la première quantité d'huile de cuisson. Ajouter le porc. Faire fricasser en remuant jusqu'à ce que la viande ne soit plus rose. Saler et poivrer. Verser le tout dans un bol.

Verser la seconde quantité d'huile dans le wok chaud. Ajouter l'oignon rouge et l'ail. Faire fricasser en remuant pendant 3 minutes. Ajouter le porc. Remuer le mélange de fécule de maïs et l'ajouter au mélange de porc. Remuer jusqu'à ce que la préparation bouille et épaississe.

Incorporer les arachides en remuant. Donne 625 mL (2½ tasses). Pour 4 personnes.

1 portion : 216 calories; 10,4 g de matières grasses totales; 364 mg de sodium; 20 g de protéines; 10 g de glucides; 1 g de fibres alimentaires

 *conseil* *Lorsque vous émincez de l'ail, saupoudrez le sel qui doit être ajouté à la recette sur l'ail posé sur une planche à découper. Le sel absorbe le jus et il est alors plus facile de faire glisser les petits morceaux d'ail pour les enlever de la planche.*

Porc et nouilles

Un plat qui a du goût et de la texture. Le fromage râpé fond et recouvre chaque portion.

Nouilles moyennes ou larges	8 oz	225 g
Eau bouillante	3 pte	3 L
Huile de cuisson (facultatif)	1 c. à soupe	15 mL
Sel	2 c. à thé	10 mL
Maïs en grains, en conserve, égoutté	12 oz	341 mL
Piments doux hachés, égouttés	2 oz	57 mL
Sel	¾ c. à thé	4 mL
Poivre	¼ c. à thé	1 mL
Margarine dure (ou beurre)	1 c. à soupe	15 mL
Chapelure sèche	¼ tasse	60 mL
Huile de cuisson	1 c. à soupe	15 mL
Filet de porc désossé, coupé en lanières fines	¾ lb	340 g
Céleri, tranché	½ tasse	125 mL
Mozzarella partiellement écrémé, râpé	1 tasse	250 mL

Cuire les nouilles dans l'eau bouillante additionnée des premières quantités d'huile et de sel dans une grande casserole ou un faitout découvert pendant 5 à 7 minutes, jusqu'à ce qu'elles soient tendres, mais encore fermes. Égoutter. Remettre les nouilles dans la casserole et les couvrir pour les garder au chaud.

Combiner le maïs, les piments doux, la seconde quantité de sel et le poivre dans un petit bol. Mettre de côté.

Chauffer la margarine et la chapelure au micro-ondes, dans une tasse, jusqu'à ce que la margarine soit fondue. Remuer. Mettre de côté.

Chauffer le wok ou la poêle à frire à feu mi-fort. Y verser la seconde quantité d'huile. Ajouter le porc et le céleri. Faire fricasser en remuant environ 5 minutes, jusqu'à ce que la viande ne soit plus rose. Incorporer les nouilles et le mélange de maïs. Faire fricasser en remuant jusqu'à ce que la préparation soit bien chaude et bouillonne. Répandre la chapelure et le fromage sur le dessus. Donne 1,5 L (6 tasses). Pour 4 personnes.

1 portion : 549 calories; 17,8 g de matières grasses totales; 976 mg de sodium; 36 g de protéines; 61 g de glucides; 3 g de fibres alimentaires

Porc aigre-doux

Il faut ajouter la sauce aux piments forts peu à peu,
en goûtant, jusqu'à obtenir la « température » voulue.

Eau	½ tasse	125 mL
Fécule de maïs	1 c. à soupe	15 mL
Vinaigre blanc	1 c. à soupe	15 mL
Sucre granulé	1 c. à soupe	15 mL
Sauce soja à basse teneur en sodium	2 c. à soupe	30 mL
Gingembre moulu	¼ c. à thé	1 mL
Sauce piquante aux piments (rajuster au goût)	⅛ c. à thé	0,5 mL
Poudre d'ail	¼ c. à thé	1 mL
Huile de cuisson	1 c. à soupe	15 mL
Filet de porc désossé, coupé en lanières fines	¾ lb	340 g
Sel, une pincée		
Poivre, une pincée		
Huile de cuisson	1 c. à thé	5 mL
Bouquets de brocoli	1 tasse	250 mL
Bouquets de chou-fleur	1 tasse	250 mL
Pomme à cuire moyenne (Granny Smith par exemple), pelée et tranchée fin	1	1
Oignons verts, coupés en longueurs de 2,5 cm (1 po)	3	3

Délayer la fécule de maïs dans l'eau dans un petit bol. Ajouter les 6 prochains ingrédients. Remuer. Mettre de côté.

Chauffer le wok ou la poêle à frire à feu mi-fort. Y verser la première quantité d'huile de cuisson. Ajouter le porc. Faire fricasser en remuant jusqu'à ce que la viande ne soit plus rose. Saler et poivrer. Verser le tout dans un bol.

Verser la seconde quantité d'huile dans le wok chaud. Ajouter le brocoli et le chou-fleur. Faire fricasser en remuant pendant 4 à 5 minutes, jusqu'à ce qu'ils soient tendres, mais encore croquants. Ajouter les légumes au porc, dans le bol.

Mettre la pomme et les oignons verts dans le wok chaud. Faire fricasser en remuant jusqu'à ce que la pomme soit tendre, mais encore croquante. Ajouter le mélange de porc. Remuer le mélange de fécule de maïs et l'ajouter au mélange de porc. Remuer jusqu'à ce que la préparation bouille et épaississe. Pour 4 personnes.

1 portion : 224 calories; 9,8 g de matières grasses totales; 378 mg de sodium; 21 g de protéines;
14 g de glucides; 2 g de fibres alimentaires

Porc aux légumes

Servir ce plat savoureux avec des pommes de terre, des pâtes ou du riz chauds.

Eau	½ tasse	125 mL
Fécule de maïs	1 c. à soupe	15 mL
Bouillon de bœuf en poudre	1 c. à thé	5 mL
Thym moulu	⅛ c. à thé	0,5 mL
Basilic déshydraté	⅛ c. à thé	0,5 mL
Sel	⅛ c. à thé	0,5 mL
Poivre	⅛ c. à thé	0,5 mL
Huile de cuisson	1 c. à soupe	15 mL
Filet de porc désossé, coupé en manières de 3 mm (⅛ po) de largeur	¾ lb	340 g
Macédoine de légumes à la californienne surgelée (avec brocoli et chou-fleur), dégelée	4 tasses	1 L

Délayer la fécule de maïs dans l'eau dans un petit bol. Ajouter les 5 prochains ingrédients. Remuer. Mettre de côté.

Chauffer le wok ou la poêle à frire à feu mi-fort. Y verser l'huile de cuisson. Ajouter le porc. Faire fricasser en remuant jusqu'à ce que la viande ne soit plus rose. Verser le tout dans un bol.

Mettre la macédoine de légumes dans le wok chaud. Faire fricasser en remuant jusqu'à ce que les légumes soient tendres, mais encore croquants. Ajouter le porc. Remuer pour réchauffer le tout. Remuer le mélange de fécule de maïs et l'ajouter au mélange de porc. Remuer jusqu'à ce que la préparation bouille et épaississe. Donne 1 L (4 tasses). Pour 4 personnes.

1 portion : 247 calories; 8,7 g de matières grasses totales; 342 mg de sodium; 23 g de protéines; 20 g de glucides; 6 g de fibres alimentaires

Porc aux olives

Pour les grands amateurs d'olives!

Riz blanc à grains longs	¾ tasse	175 mL
Eau	1½ tasse	375 mL
Sel	¾ c. à thé	4 mL
Huile de cuisson	1 c. à soupe	15 mL
Filet de porc désossé, coupé en lanières fines	¾ lb	340 g
Tomates en dés, en conserve, égouttées	14 oz	398 mL
Olives vertes farcies de piments doux, tranchées	¼ tasse	60 mL

(suite...)

Cuire le riz dans l'eau additionnée de sel dans une casserole moyenne couverte pendant 15 à 20 minutes jusqu'à ce qu'il soit tendre et ait absorbé toute l'eau. Couvrir pour le garder au chaud.

Chauffer le wok ou la poêle à frire à feu mi-fort. Y verser l'huile de cuisson. Ajouter le porc. Faire fricasser en remuant environ 4 minutes, jusqu'à ce que la viande ne soit plus rose.

Ajouter les tomates et les olives. Remuer pour réchauffer le tout. Étaler le riz sur un plat de service ou sur 4 assiettes individuelles. Dresser le mélange de porc sur le riz, à la cuillère. Pour 4 personnes.

1 portion : 319 calories; 9,6 g de matières grasses totales; 831 mg de sodium; 22 g de protéines; 35 g de glucides; 2 g de fibres alimentaires

Photo à la page 72.

Porc aux fruits sur riz

Une méthode rapide pour parvenir au mélange classique de porc et de pommes.

Riz blanc à grains longs	¾ tasse	175 mL
Eau	1½ tasse	375 mL
Sel	1 c. à thé	5 mL
Poivre	¼ c. à thé	1 mL
Huile de cuisson	1 c. à soupe	15 mL
Filet de porc désossé, coupé en cubes de 2 cm (¾ po)	¾ lb	340 g
Huile de cuisson	1 c. à thé	5 mL
Oignon rouge, tranché	½ tasse	125 mL
Céleri, tranché	½ tasse	125 mL
Pomme à cuire moyenne (McIntosh par exemple) non pelée, coupée en cubes	1	1

Cuire le riz dans l'eau, le sel et le poivre dans une casserole moyenne couverte pendant 15 à 20 minutes jusqu'à ce qu'il soit tendre et ait absorbé toute l'eau. Couvrir pour le garder au chaud.

Chauffer le wok ou la poêle à frire à feu mi-fort. Y verser la première quantité d'huile de cuisson. Ajouter le porc. Faire fricasser en remuant environ 4 minutes jusqu'à ce que la viande ne soit plus rose. Verser le tout dans un bol.

Verser la seconde quantité d'huile dans le wok chaud. Ajouter l'oignon rouge et le céleri. Faire fricasser en remuant pendant 3 minutes.

Ajouter la pomme. Faire fricasser en remuant pendant 1 minute. Ajouter le porc. Remuer pour réchauffer le tout. Étaler le riz sur un plat de service ou sur 4 assiettes individuelles. Dresser le mélange de porc sur le riz, à la cuillère. Pour 4 personnes.

1 portion : 327 calories; 9,9 g de matières grasses totales; 748 mg de sodium; 22 g de protéines; 37 g de glucides; 2 g de fibres alimentaires

Photo à la page 89.

Porc à la polynésienne

Ce plat aigre-doux peut être servi sur un lit de riz chaud.

Sauce soja à basse teneur en sodium	1 c. à soupe	15 mL
Fécule de maïs	1 c. à soupe	15 mL
Vinaigre de cidre	4 c. à thé	20 mL
Eau	2 c. à soupe	30 mL
Sauce Worcestershire	1 c. à thé	5 mL
Sucre granulé	¼ tasse	60 mL
Gingembre moulu	¼ c. à thé	1 mL
Sel au céleri	¼ c. à thé	1 mL
Poivre de Cayenne	¼ c. à thé	1 mL
Petits morceaux d'ananas en conserve, non égouttés	8 oz	227 mL
Huile de cuisson	1 c. à soupe	15 mL
Filet de porc, coupé sur la longueur et tranché fin	¾ lb	340 g
Oignon, tranché fin	⅓ tasse	75 mL
Zeste d'orange râpé	2 c. à thé	10 mL

Délayer la fécule de maïs dans la sauce soja dans un bol moyen. Ajouter les 7 prochains ingrédients. Remuer. Ajouter les morceaux d'ananas non égouttés. Mettre de côté.

Chauffer le wok ou la poêle à frire à feu mi-fort. Y verser l'huile de cuisson. Ajouter le porc. Faire fricasser en remuant pendant 2 minutes, jusqu'à ce que la viande ne soit plus rose. Ajouter l'oignon et le zeste d'orange. Faire fricasser en remuant pendant 1 minute. Remuer le mélange de fécule de maïs et l'ajouter au mélange de porc. Remuer jusqu'à ce que la préparation bouille et épaississe. Pour 4 personnes.

1 portion : 232 calories; 5,7 g de matières grasses totales; 303 mg de sodium; 19 g de protéines; 27 g de glucides; 1 g de fibres alimentaires

1. Jambon glacé, page 96
2. Porc aux fruits sur riz, page 87

Accessoires fournis par : Chintz & Company
La Baie

Porc à la chinoise

Ce plat est excellent servi sur un lit de nouilles chaudes.

Jus réservé de l'ananas		
Fécule de maïs	4 c. à thé	20 mL
Vinaigre blanc	2 c. à soupe	30 mL
Cassonade, tassée	2 c. à soupe	30 mL
Sauce soja à basse teneur en sodium	1 c. à soupe	15 mL
Sel	½ c. à thé	2 mL
Petits morceaux d'ananas, en conserve, égouttés, jus réservé	8 oz	227 mL
Huile de cuisson	1 c. à soupe	15 mL
Filet de porc, coupé sur la longueur et tranché fin	¾ lb	340 g
Huile de cuisson	1 c. à thé	5 mL
Oignon moyen, tranché fin	1	1
Poivron vert moyen, coupé en lanières	1	1

Délayer la fécule de maïs dans le jus d'ananas réservé, dans un bol moyen. Ajouter le vinaigre, la cassonade, la sauce soja et le sel. Remuer. Ajouter l'ananas. Mettre de côté.

Chauffer le wok ou la poêle à frire à feu mi-fort. Y verser la première quantité d'huile de cuisson. Ajouter le porc. Faire fricasser en remuant jusqu'à ce que la viande ne soit plus rose. Verser le tout dans un bol.

Verser la seconde quantité d'huile dans le wok chaud. Ajouter l'oignon et le poivron vert. Faire fricasser en remuant jusqu'à ce qu'ils soient tendres, mais encore croquants. Ajouter le porc. Remuer le mélange d'ananas et l'ajouter au mélange de porc. Remuer jusqu'à ce que la préparation bouille et épaississe. Pour 4 personnes.

1 portion : 228 calories; 6,8 g de matières grasses totales; 542 mg de sodium; 19 g de protéines; 23 g de glucides; 1 g de fibres alimentaires

1. Fricassée de Neptune, page 79
2. Vivaneau à l'aneth, page 67
3. Crevettes à la créole, page 75

Accessoires fournis par : Chintz & Company
Le Gnome

Fricassée de porc aux abricots

Les abricots sont aussi bons que les pommes avec le porc.

SAUCE AUX ABRICOTS

Sauce soja à basse teneur en sodium	3 c. à soupe	50 mL
Fécule de maïs	1 c. à soupe	15 mL
Confiture d'abricots	1/2 tasse	125 mL
Vinaigre de cidre	1 1/2 c. à soupe	25 mL
Moutarde sèche	1 c. à soupe	15 mL
Sucre granulé	2 c. à thé	10 mL
Gingembre émincé (en bouteille)	1/4 c. à thé	1 mL
Huile de cuisson	1 c. à soupe	15 mL
Filet de porc, coupé en lanières de 3 mm (1/8 po)	3/4 lb	340 g
Abricots déshydratés, hachés	2/3 tasse	150 mL
Eau chaude	1 tasse	250 mL
Huile de cuisson	1 c. à thé	5 mL
Oignon rouge moyen, tranché	1	1
Poivron vert moyen, coupé en carrés de 2,5 cm (1 po)	1	1
Carotte moyenne, coupée en bâtonnets	1	1

Sauce aux abricots : Délayer la fécule de maïs dans la sauce soja dans un petit bol. Ajouter les 5 prochains ingrédients. Remuer. Mettre de côté.

Chauffer le wok ou la poêle à frire à feu mi-fort. Y verser la première quantité d'huile de cuisson. Ajouter le porc. Faire fricasser en remuant jusqu'à ce que la viande ne soit plus rose. Verser le tout dans un bol.

Mettre les abricots et l'eau chaude dans le wok chaud. Couvrir. Cuire à la vapeur pendant 10 minutes. Égoutter. Ajouter les abricots au porc, dans le bol.

Verser la seconde quantité d'huile dans le wok chaud. Ajouter l'oignon rouge, le poivron vert et les carottes. Faire fricasser en remuant pendant 4 à 5 minutes jusqu'à ce que les légumes soient tendres, mais encore croquants. Ajouter le porc et les abricots. Remuer le mélange de fécule de maïs et l'ajouter au mélange de porc. Remuer jusqu'à ce que la préparation bouille et épaississe. Donne 1 L (4 tasses). Pour 4 personnes.

1 portion : 369 calories; 7,7 g de matières grasses totales; 528 mg de sodium; 22 g de protéines; 56 g de glucides; 4 g de fibres alimentaires

Porc

Boulettes de porc exotiques

Servir accompagnées de pique-fruits et de sauce aux prunes, page 114.

Gros œuf	1	1
Sauce soja à basse teneur en sodium	1 c. à soupe	15 mL
Jus de pomme (ou d'orange)	1 c. à soupe	15 mL
Oignons verts, hachés	2	2
Sucre granulé	1 c. à thé	5 mL
Sel	¾ c. à thé	4 mL
Farine tout usage	2 c. à soupe	30 mL
Poudre d'oignon	⅛ c. à thé	0,5 mL
Chapelure fine	⅓ tasse	75 mL
Porc haché maigre	½ lb	225 g
Morceaux de crevettes, en conserve, égouttés, rincés et écrasés	4 oz	113 g
Huile de cuisson	1 c. à soupe	15 mL

Battre l'œuf à la fourchette dans un petit bol. Ajouter les 8 prochains ingrédients. Remuer.

Ajouter le porc et les crevettes. Bien mélanger. Façonner des boulettes de 2,5 cm (1 po).

Chauffer le wok ou la poêle à frire à feu mi-fort. Y verser l'huile de cuisson. Ajouter les boulettes. Faire fricasser en remuant jusqu'à ce qu'elles soient complètement dorées et cuites. Donne 36 boulettes.

3 boulettes : 71 calories; 2,8 g de matières grasses totales; 277 mg de sodium; 7 g de protéines; 4 g de glucides; trace de fibres alimentaires

Côtes levées fricassées

Ces côtes savoureuses sont aussi délicieuses servies comme hors-d'œuvre.

Petites côtes de porc, séparées et coupées en longueurs de 2,5 cm (1 po)	2¼ lb	1 kg
Eau	2 tasses	500 mL
Sauce soja à basse teneur en sodium	¼ tasse	60 mL
Sel	¾ c. à thé	4 mL
Sherry (ou sherry sans alcool)	2 c. à soupe	30 mL
Sucre granulé	1 c. à thé	5 mL

Combine les côtes, l'eau, la sauce soja et le sel dans le wok. Remuer. Porter à ébullition. Couvrir. Laisser mijoter pendant 1½ à 2 heures, jusqu'à ce que les côtes soient tendres.

Découvrir. Incorporer le sherry et le sucre en remuant. Augmenter la chaleur au réglage mi-fort. Faire fricasser en remuant environ 10 minutes, jusqu'à ce qu'il ne reste plus de liquide. Pour 4 personnes.

1 portion : 317 calories; 22,2 g de matières grasses totales; 1 249 mg de sodium; 24 g de protéines; 3 g de glucides; 0 g de fibres alimentaires

Fricassée instantanée

Ce plat contient du riz instantané, des légumes et du bacon.

Tranches de bacon, coupées en dés	8	8
Oignon, coupé en dés	1 tasse	250 mL
Petits pois surgelés	2 tasses	500 mL
Jus de tomate	2 tasses	500 mL
Sel assaisonné	¼ c. à thé	1 mL
Sel	¼ c. à thé	1 mL
Poivre	¼ c. à thé	1 mL
Riz instantané	2 tasses	500 mL

Chauffer le wok ou la poêle à frire à feu mi-fort. Ajouter le bacon et l'oignon. Faire fricasser en remuant environ 3 minutes. jusqu'à ce que l'oignon soit mou.

Ajouter les petits pois. Faire fricasser en remuant pendant 2 minutes.

Ajouter les 5 derniers ingrédients. Porter à ébullition en remuant. Couvrir. Retirer du feu. Laisser reposer 5 minutes. Donne 1,5 L (6 tasses). Pour 6 personnes.

1 portion : 359 calories; 17,8 g de matières grasses totales; 753 mg de sodium; 9 g de protéines; 41 g de glucides; 4 g de fibres alimentaires

Porc et poivrons au gingembre

Un plat épicé, qui baigne dans une sauce foncée et luisante.

Eau	3 c. à soupe	50 mL
Fécule de maïs	1 c. à soupe	15 mL
Sauce soja à basse teneur en sodium	3 c. à soupe	50 mL
Bouillon de poulet en poudre	1 c. à thé	5 mL
Poudre d'ail	¼ c. à thé	1 mL
Huile de cuisson	1 c. à soupe	15 mL
Côtelettes de porc désossées, tranchées fin	¾ lb	340 g
Gingembre frais, râpé fin	½ c. à thé	2 mL
Poivron orange moyen, coupé en lanières	1	1
Châtaignes d'eau tranchées, en conserve, égouttées	8 oz	227 mL
Tomates cerises, coupées en moitiés	8	8

Délayer la fécule de maïs dans l'eau dans une petite tasse. Ajouter la sauce soja, le bouillon en poudre et la poudre d'ail. Mettre de côté.

Chauffer le wok ou la poêle à frire à feu mi-fort. Y verser l'huile de cuisson. Ajouter le porc et le gingembre. Faire fricasser en remuant jusqu'à ce que la viande ne soit plus rose. Verser le tout dans un bol.

Mettre le poivron dans le wok chaud. Faire fricasser en remuant environ 2 minutes. Ajouter le porc et le gingembre. Remuer le mélange de fécule de maïs et l'ajouter au mélange de porc. Remuer jusqu'à ce que la préparation bouille et épaississe.

Ajouter les châtaignes d'eau et les tomates cerises. Remuer pour réchauffer le tout. Donne 1 L (4 tasses). Pour 4 personnes.

1 portion : 210 calories; 8,7 g de matières grasses totales; 692 mg de sodium; 21 g de protéines; 12 g de glucides; 1 g de fibres alimentaires

Photo à la page 54 et sur la couverture dos.

Jambon glacé

Un mélange incomparable de jambon salé, de légumes sucrés et de vin foncé.

Huile de cuisson	1 c. à soupe	15 mL
Petite courge Butternut (560 g, 1¼ lb), coupée en bâtonnets avant d'être épluchée	1	1
Pois à écosser frais (ou 170 g, 6 oz, de pois surgelés, partiellement dégelés)	2 tasses	500 mL
Petits épis de maïs entiers, en conserve, égouttés, coupés en deux s'ils sont longs	14 oz	398 mL
Sucre granulé	6 c. à soupe	100 mL
Vin (ou vin sans alcool) foncé	½ tasse	125 mL
Tranche de jambon, coupée en fines lanières de 6 mm (¼ po)	¾ lb	340 g
Eau	2 c. à thé	10 mL
Fécule de maïs	2 c. à thé	10 mL

Chauffer le wok ou la poêle à frire à feu mi-fort. Y verser l'huile de cuisson. Ajouter la courge et les pois. Faire fricasser en remuant pendant 6 à 7 minutes. Verser le tout dans un bol.

Ajouter les épis aux légumes, dans le bol.

Mettre le sucre et le vin dans le wok chaud. Remuer jusqu'à ce que le sucre soit dissous. Laisser bouillir pendant 1 minute, jusqu'à ce que la préparation mousse et épaississe.

Ajouter le jambon. Remuer pour le napper. Incorporer les légumes en remuant.

Délayer la fécule de maïs dans l'eau dans une petite tasse. Ajouter ce mélange à celui de jambon et remuer jusqu'à ce que la préparation bouille et épaississe. Donne 1,5 L (6 tasses). Pour 4 personnes.

1 portion : 414 calories; 13 g de matières grasses totales; 1 133 mg de sodium; 21 g de protéines; 53 g de glucides; 6 g de fibres alimentaires

Photo à la page 89.

Fricassée de jambon épicée

Un plat agréable et croquant, qui contient plein de légumes.

Marmelade d'oranges	¼ tasse	60 mL
Concentré de jus d'orange surgelé	2 c. à soupe	30 mL
Raisins secs	2 c. à soupe	30 mL
Moutarde préparée	1½ c. à thé	7 mL
Clou de girofle moulu	⅛ c. à thé	0,5 mL
Gingembre moulu	⅛ c. à thé	0,5 mL
Gouttes de sauce piquante aux piments	3	3
Huile de cuisson	2 c. à thé	10 mL
Tranche de jambon de 12 mm, ½ po, d'épaisseur, coupée en cubes de 12 mm (½ po)	¾ lb	340 g
Huile de cuisson	2 c. à thé	10 mL
Bouquets de chou-fleur	2 tasses	500 mL
Carotte moyenne, tranchée fin sur la diagonale	1	1
Pois à écosser surgelés, partiellement dégelés (ou 500 mL, 2 tasses, de pois frais)	6 oz	170 g

Combiner les 7 premiers ingrédients dans un petit bol. Mettre de côté.

Chauffer le wok ou la poêle à frire à feu mi-fort. Y verser la première quantité d'huile de cuisson. Ajouter le jambon. Faire fricasser en remuant jusqu'à ce qu'il soit doré. Verser le tout dans un bol.

Verser la seconde quantité d'huile dans le wok chaud. Ajouter le chou-fleur et les carottes. Faire fricasser en remuant pendant 3 minutes.

Ajouter les pois. Faire fricasser en remuant pendant 1 minute. Remuer le mélange de marmelade et l'ajouter aux légumes. Ajouter le jambon. Remuer pour réchauffer le tout et pour napper le jambon. Pour 4 personnes.

1 portion : 323 calories; 14 g de matières grasses totales; 1 168 mg de sodium; 18 g de protéines; 33 g de glucides; 3 g de fibres alimentaires

 *conseil* *Si vous préférez vos légumes plus tendres que ce que produisent la plupart des recettes de plats fricassés, vous avez le choix de deux méthodes. Vous pouvez ébouillanter ou cuire les légumes à la vapeur avant de les mettre dans le wok. Vous pouvez également faire fricasser les légumes en les remuant pendant 2 à 4 minutes, puis y ajouter 50 à 60 mL (3 à 4 c. à soupe) d'eau. Couvrez et laissez cuire à la vapeur pendant 2 à 3 minutes, jusqu'à ce que les légumes aient la consistance que vous souhaitez.*

Porc

Pâtes Carbonara

Une carbonara fricassée, un peu inhabituelle, mais certainement délicieuse!

Linguine ou spaghetti	8 oz	225 g
Eau bouillante	3 pte	3 L
Huile de cuisson (facultatif)	1 c. à soupe	15 mL
Sel	2 c. à thé	10 mL
Gros œufs	3	3
Lait	2 c. à soupe	30 mL
Romano (ou parmesan), râpé	⅓ tasse	75 mL
Tranches de bacon, coupées en dés	12	12
Oignon haché	½ tasse	125 mL

Cuire les pâtes dans l'eau bouillante additionnée d'huile et de sel dans une grande casserole ou un faitout découvert pendant 11 à 13 minutes, jusqu'à ce qu'elles soient tendres, mais encore fermes. Égoutter. Remettre les pâtes dans la casserole et les couvrir pour les garder au chaud.

Battre les œufs et le lait dans un bol moyen jusqu'à ce que le mélange soit lisse. Ajouter le fromage. Bien battre le tout.

Chauffer le wok ou la poêle à frire à feu mi-fort. Ajouter le bacon et l'oignon. Faire fricasser en remuant jusqu'à ce que le bacon soit cuit et que l'oignon soit mou. Égoutter. Ajouter les pâtes. Remuer pour réchauffer le tout. Verser le tout dans un grand bol. Ajouter le mélange d'œufs et remuer pour que les œufs cuisent au contact des pâtes chaudes. Donne 1,25 L (5 tasses). Pour 4 personnes.

1 portion : 424 calories; 16,8 g de matières grasses totales; 479 mg de sodium; 21 g de protéines; 45 g de glucides; 2 g de fibres alimentaires

Saucisses et haricots

Une variante agréable et intéressante d'un plat dont les enfants raffolent.

Huile de cuisson	2 c. à thé	10 mL
Bœuf haché maigre	½ lb	225 g
Petites carottes surgelées, dégelées	1 lb	500 g
Champignons frais, tranchés	1 tasse	250 mL
Saucisses, coupées en 6 morceaux chacune	1 lb	454 g
Ketchup	2 c. à soupe	30 mL
Haricots en sauce tomate, en conserve	2 × 14oz	2 × 398 mL

(suite...)

Porc

Chauffer le wok ou la poêle à frire à feu mi-fort. Y verser l'huile de cuisson. Ajouter le bœuf haché, les carottes et les champignons. Faire fricasser en remuant pendant 5 à 6 minutes jusqu'à ce que les carottes soient tendres, mais encore croquantes, et que le bœuf ne soit plus rose. Égoutter.

Ajouter les saucisses. Faire fricasser en remuant pendant 2 à 3 minutes pour les dorer légèrement.

Ajouter le ketchup et les haricots en sauce. Remuer pour réchauffer le tout. Donne 2 L (8 tasses). Pour 6 personnes.

1 portion : 473 calories; 27,4 g de matières grasses totales; 1512 mg de sodium; 23 g de protéines; 38 g de glucides; 12 g de fibres alimentaires

Saucisses et haricots sauce tomate

Un plat satisfaisant, qui se prépare rapidement et facilement.

Huile de cuisson	2 c. à thé	10 mL
Poivron vert, en lanières	½ tasse	125 mL
Poivron rouge, en lanières	½ tasse	125 mL
Poivron jaune, en lanières	½ tasse	125 mL
Oignon haché	½ tasse	125 mL
Petite pomme à cuire, pelée et hachée	1	1
Saucisses à rissoler, coupées en 3 morceaux chacune	¾ lb	340 g
Haricots en sauce tomate, en conserve	2 × 14 oz	2 × 398 mL

Chauffer le wok ou la poêle à frire à feu mi-fort. Y verser l'huile de cuisson. Ajouter les poivrons, l'oignon et la pomme. Faire fricasser en remuant environ 2 minutes.

Ajouter les saucisses. Faire fricasser en remuant pendant 2 minutes.

Ajouter les haricots en sauce. Remuer pour réchauffer le tout. Donne 1,5 L (6 tasses). Pour 4 personnes.

1 portion : 611 calories; 37,7 g de matières grasses totales; 1 412 mg de sodium; 21 g de protéines; 54 g de glucides; 18 g de fibres alimentaires

Porc et haricots verts

Un plat coloré et délicieux, qui change à jamais la signification des haricots au porc.

Vinaigre blanc	¼ tasse	60 mL
Fécule de maïs	2 c. à soupe	30 mL
Bouillon de poulet en poudre	1 c. à thé	5 mL
Sucre granulé	1 tasse	250 mL
Sauce soja à basse teneur en sodium	1 c. à soupe	15 mL
Petits morceaux d'ananas, en conserve, non égouttés	8 oz	227 mL
Huile de cuisson	1 c. à soupe	15 mL
Filet de porc désossé, coupé en lanières fines	¾ lb	340 g
Haricots verts coupés surgelés, partiellement dégelés	1 lb	454 g
Petits épis de maïs entiers, en conserve, égouttés	14 oz	398 mL

Délayer la fécule de maïs dans le vinaigre dans un petit bol. Ajouter le bouillon en poudre, le sucre et la sauce soja. Bien remuer pour combiner le tout. Incorporer l'ananas non égoutté. Mettre de côté.

Chauffer le wok ou la poêle à frire à feu mi-fort. Y verser l'huile de cuisson. Ajouter le porc. Faire fricasser en remuant jusqu'à ce que la viande ne soit plus rose. Verser le tout dans un bol.

Mettre les haricots verts dans le wok chaud. Faire fricasser en remuant pendant 5 à 7 minutes jusqu'à ce qu'ils soient tendres, mais encore croquants. Ajouter le maïs. Remuer pour réchauffer le tout. Ajouter le porc. Remuer le mélange de fécule de maïs et l'ajouter au mélange de porc. Remuer jusqu'à ce que la préparation bouille et épaississe. Pour 4 personnes.

1 portion : 506 calories; 9 g de matières grasses totales; 573 mg de sodium; 23 g de protéines; 89 g de glucides; 4 g de fibres alimentaires

 *conseil*   *Les plats fricassés permettent de nourrir un grand nombre de personnes sans dépenser beaucoup d'argent. Il suffit de prévoir des portions d'environ 85 g (3 oz) de viande plutôt que des portions de 113 g (4 oz), telles que suggérées, et de compléter avec des légumes peu coûteux, comme des carottes ou des oignons. Les légumes plus coûteux ou qui ne sont pas en saison peuvent être ajoutés en quantités moindres. Pour compléter le menu, il suffit d'un grand plat ou de pâtes ou de riz chauds et d'un panier de petits pains.*

Salade de laitue chaude

Cette salade est délicieuse par temps froid!

Margarine dure (ou beurre)	1 c. à soupe	15 mL
Oignon haché	½ tasse	125 mL
Poivrons vert, rouge et jaune, hachés	½ tasse	125 mL
Radis moyens, émincés	2	2
Tomate moyenne, épépinée et hachée	1	1
Basilic déshydraté	½ c. à thé	2 mL
Sel	½ c. à thé	2 mL
Poivre	⅛ c. à thé	0,5 mL
Petite tête de laitue, hachée (environ 1 L, 4 tasses, légèrement tassée)	1	1

Chauffer le wok ou dans une poêle à frire à feu moyen. Y faire fondre la margarine. Ajouter l'oignon, les poivrons et les radis. Faire fricasser en remuant à feu mi-fort jusqu'à ce que les légumes soient tendres, mais encore croquants.

Ajouter la tomate, le basilic, le sel et le poivre. Remuer.

Ajouter la laitue. Faire fricasser en remuant jusqu'à ce qu'elle soit chaude, mais pas fanée. Donne 1 L (4 tasses).

1 tasse (250 mL) : 60 calories; 3,2 g de matières grasses totales; 387 mg de sodium; 2 g de protéines; 7 g de glucides; 2 g de fibres alimentaires

Photo à la page 54 et sur la couverture dos.

Laitue fricassée

Un plat moelleux et très savoureux. Qui aurait pensé à fricasser de la laitue! Un plat d'accompagnement excellent.

Huile de cuisson	1½ c. à thé	7 mL
Sel assaisonné	½ c. à thé	2 mL
Poivre, juste une pincée		
Poudre d'oignon, juste une pincée		
Tête moyenne de laitue Iceberg, déchirée ou coupée en gros morceaux	1	1

Chauffer le wok ou la poêle à frire à feu mi-fort. Y verser l'huile de cuisson. Ajouter le sel assaisonné, le poivre et la poudre d'oignon. Remuer rapidement.

Ajouter la laitue. Faire fricasser en remuant pendant 1 à 2 minutes, jusqu'à ce qu'elle soit chaude, mais non fanée. Retirer immédiatement du feu. Pour 4 personnes.

1 portion : 33 calories; 1,9 g de matières grasses totales; 182 mg de sodium; 1 g de protéines; 3 g de glucides; 1 g de fibres alimentaires

Salades

Salade de crevettes

Une jolie salade, à servir le midi avec des petits pains.

Huile de cuisson	1 c. à soupe	15 mL
Oignon moyen, haché	1	1
Poivron vert, haché	½ tasse	125 mL
Céleri, haché	1 tasse	250 mL
Champignons frais, hachés	1 tasse	250 mL
Crevettes moyennes, en conserve, rincées et égouttées	2 × 4 oz	2 × 113 g
Sel, une pincée		
Poivre, une pincée		
Sauce à salade légère (ou mayonnaise)	½ tasse	125 mL
Sauce Worcestershire	1 c. à thé	5 mL
Laitue déchiquetée, légèrement tassée	4 tasses	1 L
Amandes tranchées, grillées	½ tasse	125 mL

Chauffer le wok ou la poêle à frire à feu mi-fort. Y verser l'huile de cuisson. Ajouter l'oignon, le poivron vert, le céleri et les champignons. Faire fricasser en remuant jusqu'à ce que le céleri soit tendre, mais encore croquant.

Ajouter les crevettes. Saler et poivrer. Ajouter la sauce à salade et la sauce Worcestershire. Remuer juste assez pour réchauffer le tout.

Étaler la laitue sur un grand plat ou sur 4 assiettes individuelles. Dresser le mélange de crevettes sur la laitue, à la cuillère. Répandre les amandes sur le dessus. Pour 4 personnes.

1 portion : 287 calories; 18,8 g de matières grasses totales; 366 mg de sodium; 16 g de protéines; 11 g de glucides; 4 g de fibres alimentaires

Salade de fruits de mer

Une salade joliment colorée de vert et de rose, et prête en 5 minutes!

Huile de cuisson	1 c. à soupe	15 mL
Poivron vert moyen, haché	1	1
Oignon haché	½ tasse	125 mL
Céleri, haché	1 tasse	250 mL
Chair de crabe en conserve, cartilage ôté, égouttée	4,2 oz	120 g
Petites crevettes, en conserve, rincées et égouttées	4 oz	113 g

(suite...)

Sauce à salade légère (ou mayonnaise)	¾ tasse	175 mL
Sauce Worcestershire	1 c. à thé	5 mL
Aneth	½ c. à thé	2 mL
Sel	½ c. à thé	2 mL
Poivre	½ c. à thé	2 mL
Laitue, déchiquetée	4 tasses	1 L

Chauffer le wok ou la poêle à frire à feu mi-fort. Y verser l'huile de cuisson. Ajouter le poivron vert, l'oignon et le céleri. Faire fricasser en remuant pendant 1 minute jusqu'à ce que les légumes soient mous.

Ajouter le crabe et les crevettes. Faire fricasser en remuant pendant 1 minute jusqu'à ce qu'ils soient chauds.

Ajouter les 5 prochains ingrédients. Remuer juste assez pour réchauffer le tout.

Étaler la laitue sur 4 assiettes individuelles. Répartir le mélange de fruits de mer sur la laitue. Pour 4 personnes.

1 portion : 244 calories; 15,8 g de matières grasses totales; 964 mg de sodium; 12 g de protéines; 7 g de glucides; 2 g de fibres alimentaires

Sandwiches au bifteck

Un sandwich rapide à préparer et à assembler, qui plaît toujours.

Huile de cuisson	1 c. à soupe	15 mL
Bifteck de surlonge, coupé en fines lanières de 3 mm (⅛ po)	¾ lb	340 g
Petit oignon rouge, tranché	1	1
Poivron rouge ou vert, émincé	½ tasse	125 mL
Sauce Worcestershire	1½ c. à thé	7 mL
Sel	½ c. à thé	2 mL
Poivre	¼ c. à thé	1 mL
Pains empereurs (ou autres) ouverts et beurrés	6	6
Cheddar mi-fort, râpé	½ tasse	125 mL

Chauffer le wok ou la poêle à frire à feu mi-fort. Y verser l'huile de cuisson. Ajouter le bifteck. Faire fricasser en remuant pendant 3 minutes. Ajouter l'oignon rouge et le poivron. Faire fricasser en remuant pendant 2 minutes.

Répandre la sauce Worcestershire, le sel et le poivre sur le mélange. Bien remuer.

Dresser le mélange de bœuf à la cuillère sur la moitié inférieure des petits pains. Répandre le fromage sur le mélange de bœuf. Refermer les petits pains. Donne 6 sandwiches.

1 sandwich : 330 calories; 13,3 g de matières grasses totales; 690 mg de sodium; 20 g de protéines; 32 g de glucides; 1 g de fibres alimentaires

Fajitas au bœuf

Une fois que les ingrédients sont hachés, le reste de la préparation est rapide et facile.
Présenter tous les ingrédients et laisser les invités assembler eux-mêmes les fajitas.

Tortillas de farine (de 15 cm, 6 po)	8	8
Bifteck de surlonge, coupé en fines lanières de 3 mm (⅛ po)	¾ lb	340 g
Jus de citron	1 c. à soupe	15 mL
Poudre Chili	½ c. à thé	2 mL
Sel	½ c. à thé	2 mL
Poivre	¹⁄₁₆ c. à thé	0,5 mL
Huile de cuisson	1 c. à thé	5 mL
Poivron vert moyen, coupé en longues lanières	1	1
Poivron rouge moyen, coupé en longues lanières	1	1
Gros oignon, coupé en longues lanières	1	1
Huile de cuisson	1 c. à soupe	15 mL
Tomates moyennes, coupées en dés	2	2
Cheddar mi-fort ou fort, râpé	½ tasse	125 mL
Crème sure légère	3 c. à soupe	50 mL
Salsa	½ tasse	125 mL
Laitue déchiquetée, tassée	1 tasse	250 mL
Guacamole (facultatif)	½ tasse	125 mL

Répandre un peu d'eau sur les tortillas. Les envelopper dans du papier d'aluminium et les mettre au four à 275 °F (140 °C) pour les réchauffer et les ramollir.

Combiner le bifteck avec le jus de citron, la poudre Chili, le sel et le poivre dans un petit bol. Mettre de côté.

Chauffer le wok ou la poêle à frire à feu mi-fort. Y verser la première quantité d'huile de cuisson. Ajouter le poivron et l'oignon. Faire fricasser en remuant pendant 4 minutes jusqu'à ce qu'ils soient mous. Mettre le tout dans un autre bol.

Verser la seconde quantité d'huile dans le wok chaud. Ajouter le bifteck. Faire fricasser en remuant pendant 4 minutes jusqu'à ce que la viande soit à point. Ajouter le mélange de poivron. Remuer pour réchauffer le tout.

(suite...)

Mettre les 6 derniers ingrédients dans des petits bols séparés. Développer les tortillas selon le besoin. Poser des lanières de bœuf, de poivron et d'oignon sur chaque tortilla. Ajouter les garnitures voulues. Rabattre le bas et les côtés sur la garniture. Donne 8 fajitas.

1 fajita : 237 calories; 6,4 g de matières grasses totales; 630 mg de sodium; 16 g de protéines; 29 g de glucides; 2 g de fibres alimentaires

Fajitas au poulet : Remplacer le bœuf par 340 g (¾ lb) de poulet.

Fajitas en pitas

Le cumin, le carvi et le cilantro amènent les parfums du Moyen-Orient et de l'Asie à la table.

Huile de cuisson	1 c. à soupe	15 mL
Bifteck de surlonge, coupé en fines lanières de 3 mm (⅛ po)	½ lb	225 g
Huile de cuisson	1 c. à thé	5 mL
Oignon haché	1 tasse	250 mL
Poivron vert, haché	½ tasse	125 mL
Graines de cumin	1 c. à thé	5 mL
Graines de carvi	½ c. à thé	2 mL
Gousses d'ail, hachées fin (facultatif)	2 à 4	2 à 4
Haricots frits, en conserve	14 oz	398 mL
Cilantro (ou persil) frais, haché	2 c. à soupe	30 mL
Sel, une pincée		
Poivre, une pincée		
Tomates moyennes, en dés	2	2
Pains pitas (de 18 cm, 7 po), coupés en deux sur la largeur	4	4
Cheddar mi-fort, râpé	1 tasse	250 mL

Chauffer le wok ou la poêle à frire à feu mi-fort. Y verser la première quantité d'huile de cuisson. Ajouter le bifteck. Faire fricasser en remuant jusqu'à ce que la viande soit à point. Verser le tout dans un bol.

Verser la seconde quantité d'huile dans le wok chaud. Ajouter les 5 prochains ingrédients. Faire fricasser en remuant pendant 3 minutes.

Ajouter les haricots frits, le cilantro, le sel et le poivre. Remuer jusqu'à ce que la préparation soit chaude.

Ajouter les tomates, puis le bœuf. Remuer. Répartir la préparation sur les 8 moitiés de pains pitas. Répandre environ 30 mL (2 c. à soupe) de fromage sur chacune. Donne 8 demi-pitas.

1 demi-pita : 273 calories; 9,5 g de matières grasses totales; 442 mg de sodium; 17 g de protéines; 30 g de glucides; 4 g de fibres alimentaires

Burritos

Rajuster les quantités de salsa et de fromage au goût.

Tortillas de farine (de 25 cm, 10 po), arrosées de quelques gouttes d'eau, empilées et enveloppées dans du papier d'aluminium	8	8
Huile de cuisson	1 c. à thé	5 mL
Bœuf haché maigre	¾ lb	340 g
Oignon haché	1 tasse	250 mL
Haricots frits, en conserve	14 oz	398 mL
Piments verts en dés, en conserve, non égouttés	4 oz	114 mL
Monterey Jack, râpé	1 tasse	250 mL
Salsa	½ à 1 tasse	125 à 250 mL

Répandre un peu d'eau sur les tortillas. Les envelopper dans du papier d'aluminium et les mettre au four à 275 °F (140 °C) pour les réchauffer et les ramollir.

Chauffer le wok ou la poêle à frire à feu mi-fort. Y verser l'huile de cuisson. Ajouter le bœuf haché et l'oignon. Faire fricasser en remuant jusqu'à ce que le bœuf ne soit plus rose. Égoutter.

Mettre les haricots frits et les piments verts non égouttés dans le wok chaud. Faire fricasser en remuant jusqu'à ce qu'ils soient chauds. Dresser 125 mL (½ tasse) du mélange de bœuf sur chaque tortilla. Étaler le mélange de bœuf sur le dessus, en allant jusqu'à 2,5 cm (1 po) du bord des tortillas.

Ajouter le fromage et la salsa. Enrouler les tortillas en rabattant les bouts. Donne 8 burritos.

1 burrito : 366 calories; 10 g de matières grasses totales; 936 mg de sodium; 21 g de protéines; 47 g de glucides; 4 g de fibres alimentaires

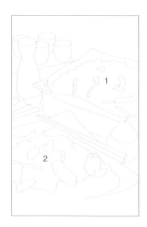

1. Germes de soja et poivrons, page 120
2. Bœuf mandarin, page 39

Accessoires fournis par : Le Gnome

Sandwiches

Pitas au bœuf

Une fois le pita de base assemblé, on peut varier
le goût ou le compléter avec différentes garnitures comme
de la salsa, de la crème sure, du cheddar râpé ou des piments jalapeño.

Huile de cuisson	1 c. à soupe	15 mL
Bœuf haché maigre	¾ lb	340 g
Oignon rouge moyen, tranché	1	1
Champignons frais, hachés	1 tasse	250 mL
Tranches de tomates	16	16
Laitue déchiquetée	2 tasses	500 mL
Pains pitas (de 18 cm, 7 po), coupés en deux sur la largeur	4	4

Chauffer le wok ou la poêle à frire à feu mi-fort. Y verser l'huile de cuisson. Ajouter le bœuf haché, l'oignon rouge et les champignons. Faire fricasser en remuant jusqu'à ce qu'ils soient dorés. Égoutter.

Mettre 2 tranches de tomates et 60 mL (¼ tasse) de laitue sur chaque demi-pita. Dresser 60 mL (¼ tasse) du mélange de bœuf sur les légumes. Donne 8 demi-pitas.

1 pita : 176 calories; 5,8 g de matières grasses totales; 123 mg de sodium; 11 g de protéines; 19 g de glucides; 1 g de fibres alimentaires

1. Pâtes printanières, page 116

Accessoires fournis par : Chintz & Company

Pitas au poulet

Ce plat contient du riz et des œufs. Il rappelle un riz frit.

Huile de cuisson	1 c. à soupe	15 mL
Demi-poitrines de poulet, dépouillées et désossées (environ 2), hachées	½ lb	225 g
Petit oignon, tranché fin	1	1
Champignons frais, tranchés	½ tasse	125 mL
Riz instantané	½ tasse	125 mL
Eau	½ tasse	125 mL
Sel	¼ c. à thé	1 mL
Gros œufs, battus à la fourchette	2	2
Sauce soja à basse teneur en sodium	1 c. à thé	5 mL
Sauce aux canneberges	¼ tasse	60 mL
Pains pitas (de 18 cm, 7 po), coupés en deux sur la largeur	4	4
Germes de soja fraîches	1 tasse	250 mL

Chauffer le wok ou la poêle à frire à feu mi-fort. Y verser l'huile de cuisson. Ajouter le poulet et l'oignon. Faire fricasser en remuant pendant 4 minutes.

Ajouter les champignons. Faire fricasser en remuant pendant 1 minute.

Ajouter le riz, l'eau et le sel. Porter à ébullition. Couvrir. Retirer du feu pendant 5 minutes. Remettre sur le feu.

Incorporer les œufs et la sauce soja et remuer jusqu'à ce que les œufs soient cuits.

Étaler la sauce aux canneberges à l'intérieur de chaque demi-pita. Dresser le mélange de poulet sur la sauce. Garnir de germes de soja. Donne 8 demi-pitas.

1 pita : 193 calories; 3,8 g de matières grasses totales; 252 mg de sodium; 12 g de protéines; 27 g de glucides; 1 g de fibres alimentaires

 *Bien des recettes de plats fricassés exigent des légumes frais, mais on peut les remplacer par des légumes en conserve. Ainsi, on peut mettre des champignons en conserve à la place de champignons frais.*

Sauce à l'orange

Cette sauce est à essayer avec une fricassée de poulet ou de porc.

Jus d'orange	½ tasse	125 mL
Écorce d'orange, râpée (pas le zeste)	1 c. à thé	5 mL
Sauce soja à basse teneur en sodium	1 c. à thé	5 mL
Jus de citron	1 c. à thé	5 mL
Sucre granulé	3 c. à soupe	50 mL
Eau	2 c. à soupe	30 mL
Fécule de maïs	1 c. à soupe	15 mL

Porter les 5 premiers ingrédients à ébullition dans une petite casserole.

Délayer la fécule de maïs dans l'eau dans une tasse. Incorporer ce mélange à celui d'orange et remuer jusqu'à ce que la sauce bouille et épaississe. Donne 150 mL ($\frac{2}{3}$ tasse).

30 mL (2 c. à soupe) : 43 calories; trace de matières grasses totales; 38 mg de sodium; trace de protéines; 11 g de glucides; trace de fibres alimentaires

Sauce à l'ananas

Une sauce aigre-douce qui est bonne avec du porc ou du bœuf.

Vinaigre blanc	2 c. à soupe	30 mL
Fécule de maïs	1 c. à thé	5 mL
Sauce soja à basse teneur en sodium	1 c. à soupe	15 mL
Cassonade, tassée	2 c. à soupe	30 mL
Poudre d'oignon	¼ c. à thé	1 mL
Bouillon de poulet en poudre	1 c. à thé	5 mL
Ananas broyé, conserve, non égoutté	8 oz	227 mL

Délayer la fécule de maïs dans le vinaigre dans un petit bol.

Ajouter les 5 derniers ingrédients. Remuer le mélange juste avant de l'ajouter à une fricassée chaude. Donne 325 mL (1⅓ tasse).

30 mL (2 c. à soupe) : 26 calories; trace de matières grasses totales; 119 mg de sodium; trace de protéines; 7 g de glucides; trace de fibres alimentaires

Sauce moutarde

Cette sauce est à essayer avec une fricassée qui contient du jambon ou des saucisses.

Sucre granulé	¼ tasse	60 mL
Cassonade, tassée	¼ tasse	60 mL
Moutarde préparée	2 c. à thé	10 mL
Vinaigre blanc	3 c. à soupe	50 mL
Eau	⅓ tasse	75 mL
Fécule de maïs	1½ c. à soupe	25 mL

Combiner les 4 premiers ingrédients dans une petite casserole.

Délayer la fécule de maïs dans l'eau dans une tasse. Ajouter ce mélange au contenu de la casserole. Chauffer et remuer jusqu'à ce que la sauce bouille et épaississe. Donne 125 mL (½ tasse).

30 mL (2 c. à soupe) : 117 calories; 0,1 g de matières grasses totales; 41 mg de sodium; trace de protéines; 30 g de glucides; trace de fibres alimentaires

Sauce pour fricassée

Une sauce foncée et lustrée, qui convient à toutes les fricassées.

Fécule de maïs	1 c. à soupe	15 mL
Cassonade, tassée	1 c. à soupe	15 mL
Gingembre moulu	¼ c. à thé	1 mL
Poudre d'ail	¼ c. à thé	1 mL
Bouillon de bœuf en poudre	1 c. à thé	5 mL
Sauce soja à basse teneur en sodium	3 c. à soupe	50 mL
Vinaigre de cidre	1 c. à soupe	15 mL
Sherry (ou sherry sans alcool)	1½ c. à soupe	25 mL
Eau	3 c. à soupe	50 mL
Gouttes de sauce piquante aux piments	3	3

Mettre les 5 premiers ingrédients dans un petit bol. Bien remuer.

Incorporer la sauce soja, le vinaigre, sherry, l'eau et la sauce piquante et remuer jusqu'à ce que le mélange soit lisse. Remuer de nouveau avant d'ajouter le mélange à une fricassée chaude. Donne 125 mL (½ tasse).

30 mL (2 c. à soupe) : 36 calories; 0,1 g de matières grasses totales; 595 mg de sodium; 1 g de protéines; 7 g de glucides; trace de fibres alimentaires

Sauce au cassis

Cette sauce est particulièrement bonne avec du poulet ou du porc.

Huile de cuisson	1 c. à soupe	15 mL
Oignon haché fin	2 c. à soupe	30 mL
Gousse d'ail, hachée fin (ou 1 mL, ¼ c. à thé, de poudre d'ail)	1	1
Moutarde préparée	1 c. à thé	5 mL
Gelée de cassis	⅓ tasse	75 mL
Vinaigre de cidre	1 c. à soupe	15 mL
Sel	⅛ c. à thé	0,5 mL
Poivre	⅛ c. à thé	0,5 mL
Sucre granulé (facultatif)	1 à 2 c. à thé	5 à 10 mL
Eau	3 c. à soupe	50 m L
Fécule de maïs	2 c. à thé	10 mL

Faire chauffer l'huile dans une petite casserole. Ajouter l'oignon et l'ail et les faire revenir jusqu'à ce qu'ils soient bien dorés.

Ajouter les 6 prochains ingrédients. Remuer. Porter à ébullition.

Délayer la fécule de maïs dans l'eau dans une tasse. Incorporer ce mélange au contenu de la casserole et remuer jusqu'à ce que la sauce bouille et épaississe. Donne 150 mL (⅔ tasse).

30 mL (2 c. à soupe) : 81 calories; 2,6 g de matières grasses totales; 81 mg de sodium; trace de protéines; 15 g de glucides; trace de fibres alimentaires

Variante : Remplacer la gelée de cassis par de la gelée de raisins.

Sauce aux haricots noirs

Cette sauce est bonne avec une fricassée qui contient du bœuf et de l'oignon.

Haricots noirs, en conserve, rincés et égouttés	½ tasse	125 mL
Eau	½ tasse	125 mL
Sauce soja à basse teneur en sodium	½ tasse	125 mL
Sel (facultatif)	½ c. à thé	2 mL
Cassonade, tassée	4 c. à thé	20 mL
Fécule de maïs	4 c. à thé	20 mL

Mettre les 6 ingrédients dans le mélangeur. Combiner jusqu'à ce que le mélange soit lisse. Le passer dans une passoire pour enlever la peau des haricots et recueillir le mélange dans une petite casserole. Chauffer en remuant jusqu'à ce que la sauce bouille et épaississe. Donne 150 mL (⅔ tasse).

30 mL (2 c. à soupe) : 60 calories; trace de matières grasses totales; 981 mg de sodium; 4 g de protéines; 11 g de glucides; 1 g de fibres alimentaires

Sauce à la fumée

Particulièrement bonne avec des haricots de Lima, des haricots
rouges et du poisson. On peut varier la quantité de fumée liquide au goût.

Sherry (ou sherry sans alcool)	2 c. à soupe	30 mL
Fécule de maïs	1 c. à soupe	15 mL
Bouillon de poulet en poudre	1 c. à thé	5 mL
Eau	½ tasse	125 mL
Fumée liquide (commencer avec moins)	1 c. à thé	5 mL

Délayer la fécule de maïs dans le sherry dans un petit bol. Ajouter les 3 derniers ingrédients. Remuer ce mélange juste avant de l'ajouter à une fricassée chaude. Donne 125 mL (¼ tasse).

30 mL (2 c. à soupe) : 15 calories; 0,1 g de matières grasses totales; 157 mg de sodium; trace de protéines; 2 g de glucides; trace de fibres alimentaires

Sauce aux prunes

Une bonne sauce pour toutes les fricassées qui contiennent
de la viande ou comme trempette avec des hors-d'œuvre, notamment
les boulettes de porc exotiques, page 93, et les rouleaux printaniers, page 141.

Bocal de purée de prunes (aliment pour bébés)	4½ oz	128 mL
Cassonade, tassée	2 c. à thé	10 mL
Vinaigre blanc	1 c. à soupe	15 mL
Gingembre moulu	⅛ c. à thé	0,5 mL
Poudre Chili	⅛ c. à thé	0,5 mL
Sel	⅛ c. à thé	0,5 mL

Combiner les 6 ingrédients dans un petit bol. Donne 125 mL (½ tasse).

30 mL (2 c. à soupe) : 33 calories; 0,1 g de matières grasses totales; 88 mg de sodium; trace de protéines; 9 g de glucides; trace de fibres alimentaires

 *Lorsque l'on prépare un plat fricassé, on ajoute habituellement les légumes selon leur temps de cuisson respectif. Les légumes plus durs, comme les carottes, mettent plus longtemps à cuire que les légumes plus mous, comme les champignons. Un guide pratique est fourni à la page 8 pour vous aider à déterminer le temps de cuisson requis par la plupart des légumes.*

Sauce aux raisins secs

La sauce parfaite avec une fricassée au jambon.

Raisins secs	¼ tasse	60 mL
Eau	½ tasse	125 mL
Cassonade, tassée	1 c. à soupe	15 mL
Jus de citron (ou plus, au goût)	1 c. à thé	5 mL
Eau	2 c. à soupe	30 mL
Fécule de maïs	2 c. à thé	10 mL

Combine les raisins secs avec la première quantité d'eau, la cassonade et le jus de citron dans une petite casserole. Chauffer en remuant jusqu'à ce que la préparation mijote. Laisser mijoter, en remuant souvent, pendant 3 minutes.

Délayer la fécule de maïs dans la seconde quantité d'eau dans une tasse. Incorporer ce mélange à celui de raisins secs et remuer jusqu'à ce que la sauce bouille et épaississe. Donne 125 mL (½ tasse).

30 mL (2 c. à soupe) : 43 calories; trace de matières grasses totales; 2 mg de sodium; trace de protéines; 11 g de glucides; trace de fibres alimentaires

Sauce barbecue

Une sauce riche, qui convient dans les fricassées au bœuf, au porc et au poulet.

Cassonade, tassée	3 c. à soupe	50 mL
Ketchup	1½ c. à soupe	25 mL
Mélasse de fantaisie	2 c. à thé	10 mL
Sauce Worcestershire	½ c. à thé	2 mL
Sauce soja à basse teneur en sodium	1 c. à thé	5 mL
Moutarde préparée	½ c. à thé	2 mL
Fumée liquide	⅛ c. à thé	0,5 mL
Vinaigre blanc	3 c. à soupe	50 mL
Sel	⅛ c. à thé	0,5 mL
Eau	¼ tasse	60 mL
Fécule de maïs	2 c. à thé	10 mL

Combiner les 9 premiers ingrédients dans une petite casserole. Chauffer, en remuant souvent, jusqu'à ce que la préparation soit chaude.

Délayer la fécule de maïs dans l'eau dans un petit bol. Incorporer ce mélange à la sauce et remuer jusqu'à ce que celle-ci bouille et épaississe. Donne 125 mL (½ tasse).

30 mL (2 c. à soupe) : 61 calories; 0,1 g de matières grasses totales; 235 mg de sodium; trace de protéines; 16 g de glucides; trace de fibres alimentaires

Sauces

Pâtes printanières

Un plat favori, qui se prépare vite et sans difficulté.

Spaghetti, cassés en trois	8 oz	225 g
Eau bouillante	2½ pte	2,5 L
Huile de cuisson (facultatif)	1 c. à soupe	15 mL
Sel	2 c. à thé	10 mL
Lait écrémé évaporé	1⅓ tasse	325 mL
Parmesan râpé	⅔ tasse	150 mL
Persil frais, haché (ou 15 mL, 1 c. à soupe, de persil déshydraté)	¼ tasse	60 mL
Basilic frais, haché (ou 15 mL, 1 c. à soupe, de basilic déshydraté)	¼ tasse	60 mL
Sel	1 c. à thé	5 mL
Poivre	¼ c. à thé	1 mL
Huile de cuisson	1 c. à soupe	15 mL
Carottes moyennes, coupées en bâtonnets	2	2
Oignon moyen, tranché fin	1	1
Céleri, tranché fin	½ tasse	125 mL
Gousse d'ail, émincée (ou 1 mL, ¼ c. à thé, de poudre d'ail)	1	1
Huile de cuisson	1 c. à soupe	15 mL
Bouquets de chou-fleur	1 tasse	250 mL
Bouquets de brocoli	1 tasse	250 mL
Pois à écosser surgelés, partiellement dégelés (ou 500 mL, 2 tasses, de pois frais)	6 oz	170 g
Courgettes non pelées, émincées	1 tasse	250 mL
Tomates cerises, coupées en moitiés	8	8

Parmesan râpé, une pincée

Cuire les spaghetti dans l'eau bouillante additionnée des premières quantités d'huile de cuisson et de sel dans une grande casserole ou un faitout découvert pendant 11 à 13 minutes, jusqu'à ce qu'ils soient tendres, mais encore fermes. Égoutter. Remettre les spaghetti dans la casserole et les couvrir pour les garder au chaud.

Combiner les 6 prochains ingrédients dans un petit bol. Mettre de côté.

Chauffer le wok ou la poêle à frire à feu mi-fort. Y verser la deuxième quantité d'huile. Ajouter les carottes, l'oignon, le céleri et l'ail. Faire fricasser en remuant jusqu'à ce qu'ils soient mous. Verser le tout dans un bol.

(suite...)

Verser la troisième quantité d'huile dans le wok chaud. Ajouter le chou-fleur et le brocoli. Faire fricasser en remuant pendant 4 minutes jusqu'à ce que la viande soit presque cuite.

Ajouter les pois et les courgettes. Faire fricasser en remuant pendant 2 à 3 minutes jusqu'à ce qu'ils soient tendres, mais encore croquants. Ajouter le mélange de carottes.

Ajouter les tomates cerises et le mélange de lait évaporé. Remuer jusqu'à ce que la préparation soit bien réchauffée. Ajouter les spaghetti. Remuer.

Répandre le parmesan sur le dessus. Donne 2,5 L (10 tasses). Pour 4 personnes.

1 portion : 497 calories; 13,8 g de matières grasses totales; 1 158 mg de sodium; 25 g de protéines; 69 g de glucides; 7 g de fibres alimentaires

Photo à la page 108.

Fricassée de chou rouge

Un plat coloré, légèrement sucré. Le chou reste croquant.

Vinaigre de cidre	3 c. à soupe	50 mL
Pommes à cuire moyennes (McIntosh par exemple), pelées et grossièrement râpées	2	2
Cassonade, tassée	3 c. à soupe	50 mL
Clou de girofle moulu	1/4 c. à thé	1 mL
Moutarde sèche	1/4 c. à thé	1 mL
Vin rouge (ou vin rouge sans alcool)	1/3 tasse	75 mL
Huile de cuisson	1 c. à soupe	15 mL
Gros chou rouge, râpé (environ 1,8 kg, 4 lb)	1	1
Eau	3 c. à soupe	50 mL
Fécule de maïs	2 c. à soupe	30 mL

Combiner les 6 premiers ingrédients dans un petit bol. Mettre de côté.

Chauffer le wok ou la poêle à frire à feu mi-fort. Y verser l'huile de cuisson. Ajouter le chou. Faire fricasser en remuant jusqu'à ce qu'il soit tendre, mais encore croquant. Baisser le feu à moyen. Ajouter le mélange de pommes. Faire fricasser en remuant pendant 1 minute.

Délayer la fécule de maïs dans l'eau dans une tasse. Incorporer ce mélange à celui de chou et remuer jusqu'à ce que la préparation bouille et épaississe. Donne 1,5 L (6 tasses).

1/2 tasse (125 mL) : 87 calories; 1,6 g de matières grasses totales; 18 mg de sodium; 2 g de protéines; 17 g de glucides; 3 g de fibres alimentaires

Légumes

117

Choux de Bruxelles au fromage

Une appétissante façon de préparer un légume
qui plaît moins. Pour 4 personnes, doubler la recette.

Lait	½ tasse	125 mL
Fécule de maïs	1 c. à soupe	15 mL
Bouillon de poulet en poudre	1 c. à thé	5 mL
Poudre d'ail	¼ c. à thé	1 mL
Thym moulu	⅛ c. à thé	0,5 mL
Sel assaisonné	½ c. à thé	2 mL
Poivre	¼ c. à thé	1 mL
Vin blanc (ou jus de pomme)	2 c. à soupe	30 mL
Huile de cuisson	1 c. à soupe	15 mL
Champignons frais, hachés	1 tasse	250 mL
Oignon haché fin	½ tasse	125 mL
Choux de Bruxelles surgelés, dégelés, coupés en deux s'ils sont gros	10 oz	284 g
Havarti (ou cheddar doux), râpé	1 c. à soupe	15 mL

Délayer la fécule de maïs dans le lait dans un petit bol. Ajouter les 6 prochains ingrédients. Remuer. Mettre de côté.

Chauffer le wok ou la poêle à frire à feu mi-fort. Y verser l'huile de cuisson. Ajouter les champignons, l'oignon et les choux de Bruxelles. Faire fricasser en remuant jusqu'à ce que les choux soient tendres, mais encore croquants. Remuer le mélange de fécule de maïs et l'ajouter au mélange de légumes. Remuer jusqu'à ce que la préparation bouille et épaississe.

Répandre le fromage sur le dessus. Donne 500 mL (2 tasses). Donne 2 portions généreuses.

1 portion : 189 calories; 9,4 g de matières grasses totales; 736 mg de sodium; 8 g de protéines;
19 g de glucides; 4 g de fibres alimentaires

Photo à la page 126.

Fricassée de pak choi

Une bonne façon d'apprêter ce chou, surtout pour une première fois.

Tranches de bacon, hachées	6	6
Pak choi entier, grossièrement haché	1	1
Sauce soja à basse teneur en sodium	2 c. à soupe	30 mL
Eau	1 c. à soupe	15 mL
Fécule de maïs	1 c. à soupe	15 mL

(suite...)

Chauffer le wok ou la poêle à frire à feu mi-fort. Ajouter le bacon. Faire fricasser en remuant jusqu'à ce que le bacon soit presque cuit. Égoutter le gras, en en laissant environ 15 mL (1 c. à soupe) dans le wok.

Ajouter le pak choi et la sauce soja. Faire fricasser en remuant jusqu'à ce que le chou soit fané et chaud. Le chou dégage beaucoup de liquide à la cuisson.

Délayer la fécule de maïs dans l'eau dans une tasse. L'incorporer au mélange de chou et remuer jusqu'à ce que la préparation bouille et épaississe. Pour 4 personnes.

1 portion : 86 calories; 4,9 g de matières grasses totales; 475 mg de sodium; 5 g de protéines; 6 g de glucides; 1 g de fibres alimentaires

Carottes fantaisie

La sauce est crémeuse, parfaite pour napper du riz.

Farine tout usage	1 c. à soupe	15 mL
Moutarde sèche	1/8 c. à thé	0,5 mL
Sel	1/4 c. à thé	1 mL
Sel au céleri	1/16 c. à thé	0,5 mL
Poivre, une pincée		
Lait	1/2 tasse	125 mL
Margarine dure (ou beurre)	1 c. à soupe	15 mL
Chapelure	1/4 tasse	60 mL
Huile de cuisson	1 c. à soupe	15 mL
Carottes, tranchées fin en médaillons ou en lanières	3 tasses	750 mL
Oignon, tranché	2 c. à soupe	30 mL
Cheddar mi-fort ou fort, râpé	1/2 tasse	125 mL

Mettre la farine, la moutarde, le sel, le sel de céleri et le poivre dans un petit bol. Incorporer le lait peu à peu, en remuant jusqu'à ce qu'il ne reste plus de grumeaux. Mettre de côté.

Chauffer la margarine et la chapelure au micro-ondes, dans une tasse, pour faire fondre la margarine. Remuer. Mettre de côté.

Chauffer le wok ou la poêle à frire à feu mi-fort. Y verser l'huile de cuisson. Ajouter les carottes. Faire fricasser en remuant pendant 6 à 8 minutes. Ajouter l'oignon. Faire fricasser en remuant environ 1 minute jusqu'à ce que les légumes soient tendres, mais encore croquants. Remuer le mélange de farine et l'ajouter au mélange de carottes. Remuer jusqu'à ce que la préparation bouille et épaississe.

Répandre le mélange de chapelure et le fromage sur les carottes. Pour 4 personnes.

1 portion : 206 calories; 12,2 g de matières grasses totales; 417 mg de sodium; 7 g de protéines; 18 g de glucides; 2 g de fibres alimentaires

Légumes

Germes de soja et poivrons

Un joli mélange de rouge, de vert et de beige, qui a un bon goût de gingembre.

Huile de cuisson	2 c. à thé	10 mL
Gingembre frais, râpé	1 c. à thé	5 mL
Poivron vert moyen, coupé en lanières	1	1
Poivron rouge moyen, coupé en lanières	1	1
Sel	½ c. à thé	2 mL
Germes de soja fraîches	1½ tasse	375 mL
Bouillon de poulet en poudre	1 c. à thé	5 mL
Eau chaude	¼ tasse	60 mL

Chauffer le wok ou la poêle à frire à feu mi-fort. Y verser l'huile de cuisson. Ajouter le gingembre, les poivrons et le sel. Faire fricasser en remuant pendant 2 minutes.

Ajouter les germes de soja. Faire fricasser en remuant pendant 1 minute.

Combiner le bouillon en poudre et l'eau chaude dans une tasse. Verser le tout dans le wok chaud. Couvrir. Cuire pendant 2 à 3 minutes. Donne 500 mL (2 tasses). Pour 4 personnes.

1 portion : 64 calories; 3,2 g de matières grasses totales; 508 mg de sodium; 3 g de protéines; 8 g de glucides; 2 g de fibres alimentaires

Photo à la page 107.

Germes de soja solo : Faire fricasser les germes de soja en remuant dans l'huile chaude pendant 4 à 5 minutes. Saler et poivrer.

Pois à la chinoise

La sauce soja et le sherry font une excellente sauce pour ce légume qui revient dans bien des plats fricassés.

Sauce soja à basse teneur en sodium	1 c. à soupe	15 mL
Fécule de maïs	2 c. à thé	10 mL
Eau	½ tasse	125 mL
Sherry (ou sherry sans alcool)	2 c. à soupe	30 mL
Bouillon de poulet en poudre	1½ c. à thé	7 mL
Sucre granulé	1 c. à thé	5 mL
Sel	½ c. à thé	2 mL
Huile de cuisson	1 c. à soupe	15 mL
Oignon, en dés	1 tasse	250 mL
Pois à écosser frais (ou 2 × 6 oz, 2 × 170g, de pois surgelés, partiellement dégelés)	4 tasses	1 L

(suite...)

Délayer la fécule de maïs dans la sauce soja dans un petit bol. Ajouter les 5 prochains ingrédients. Remuer. Mettre de côté.

Chauffer le wok ou la poêle à frire à feu mi-fort. Y verser l'huile de cuisson. Ajouter l'oignon. Faire fricasser en remuant jusqu'à ce qu'il soit mou.

Ajouter les pois. Faire fricasser en remuant pendant 3 à 5 minutes. Remuer le mélange de fécule de maïs et l'ajouter au mélange de pois. Remuer jusqu'à ce que la préparation bouille et épaississe. Pour 4 personnes.

1 portion : 101 calories; 3,9 g de matières grasses totales; 745 mg de sodium; 4 g de protéines; 12 g de glucides; 3 g de fibres alimentaires

Pommes de terre farcies

Servir ces appétissantes pommes de terre avec de la crème sure.

Pommes de terre moyennes ou petites	4	4
Sauce soja à basse teneur en sodium	2 c. à thé	10 mL
Sirop de maïs doré	1 c. à thé	5 mL
Huile de cuisson	1 c. à soupe	15 mL
Oignon haché	½ tasse	125 mL
Carottes, râpées	⅓ tasse	75 mL
Champignons frais, tranchés	1 tasse	250 mL
Oignons verts, tranchés	2	2
Tomate moyenne, coupée en dés	1	1
Cheddar mi-fort, râpé	¼ tasse	60 mL

Cuire les pommes de terre dans le micro-onde ou le four. Les garder au chaud.

Combiner la sauce soja et le sirop de maïs dans une tasse. Mettre de côté.

Chauffer le wok ou la poêle à frire à feu mi-fort. Y verser l'huile de cuisson. Ajouter l'oignon et les carottes. Faire fricasser en remuant jusqu'à ce que l'oignon soit mou.

Ajouter les champignons. Faire fricasser en remuant jusqu'à ce qu'ils soient dorés.

Ajouter les oignons verts et la tomate. Ajouter le mélange de sauce soja. Remuer. Couper les pommes de terre en deux sur la hauteur. Enlever la plupart de la chair et l'écraser. La remettre dans les pommes de terre. Dresser environ 30 mL (2 c. à soupe) du mélange de champignons sur chaque moitié de pomme de terre.

Répandre environ 7 mL (1½ c. à thé) de fromage sur chaque moitié de pomme de terre. Donne 8 pommes de terre farcies.

1 demi-pomme de terre farcie : 156 calories; 3,2 g de matières grasses totales; 88 mg de sodium; 4 g de protéines; 29 g de glucides; 3 g de fibres alimentaires

Légumes

Carottes glacées

Le jus d'orange donne un peu de piquant aux carottes, qui sont luisantes de glaçage.

Jus d'orange	⅓ tasse	75 mL
Fécule de maïs	1½ c. à thé	7 mL
Sucre granulé	1 c. à soupe	15 mL
Gingembre moulu	¼ c. à thé	1 mL
Sel	¼ c. à thé	1 mL
Huile de cuisson	1 c. à soupe	15 mL
Carottes, coupées en médaillons ou émincées	3 tasses	750 mL
Margarine dure (ou beurre), facultatif	1 c. à soupe	15 mL
Graines de sésame grillées, pour décorer	1 c. à soupe	15 mL

Délayer la fécule de maïs dans le jus d'orange dans un petit bol. Ajouter le sucre, le gingembre et le sel. Remuer. Mettre de côté.

Chauffer le wok ou la poêle à frire à feu mi-fort. Y verser l'huile de cuisson. Ajouter les carottes. Faire fricasser en remuant environ 7 minutes, jusqu'à ce qu'elles soient tendres, mais encore croquantes. Remuer le mélange de fécule de maïs et l'ajouter au mélange de carottes. Remuer jusqu'à ce que la préparation bouille et épaississe.

Ajouter la margarine et remuer pour la faire fondre. Répandre les graines de sésame sur les carottes. Donne 625 mL (2½ tasses). Pour 4 personnes.

1 portion : 94 calories; 3,6 g de matières grasses totales; 200 mg de sodium; 1 g de protéines; 15 g de glucides; 2 g de fibres alimentaires

Photo à la page 126.

Brocoli suprême

Un beau vert luisant. Le brocoli à son meilleur.

Eau	6 c. à soupe	100 mL
Fécule de maïs	1 c. à thé	5 mL
Bouillon de poulet en poudre	1 c. à thé	5 mL
Sucre granulé	½ c. à thé	2 mL
Sel	½ c. à thé	2 mL
Poivre, une pincée		
Huile de cuisson	1 c. à soupe	15 mL
Brocoli (bouquets et tiges épluchées), environ 1,75 L, 7 tasses, tranché	1¼ lb	560 g
Gousse d'ail, émincée (ou 1 mL, ¼ c. à thé, de poudre d'ail)	1	1

(suite...)

Délayer la fécule de maïs dans l'eau dans un petit bol. Ajouter les 4 prochains ingrédients. Remuer. Mettre de côté.

Chauffer le wok ou la poêle à frire à feu mi-fort. Y verser l'huile de cuisson. Ajouter le brocoli et l'ail. Faire fricasser en remuant pendant 3 à 4 minutes. Remuer le mélange de fécule de maïs et l'ajouter au mélange de brocoli. Remuer jusqu'à ce que la préparation bouille et épaississe. Donne 1,25 L (5 tasses). Pour 4 personnes.

1 portion : 78 calories; 4,1 g de matières grasses totales; 540 mg de sodium; 4 g de protéines; 9 g de glucides; 3 g de fibres alimentaires

Betteraves et oignons

Un mélange naturel.

Jus de citron	1 c. à soupe	15 mL
Persil en flocons	1 c. à thé	5 mL
Sel	¼ c. à thé	1 mL
Huile de cuisson	1 c. à soupe	15 mL
Betteraves fraîches, épluchées et coupées en dés	2 tasses	500 mL
Petit oignon rouge, tranché	1	1
Margarine dure (ou beurre)	1 c. à soupe	15 mL

Combiner le jus de citron avec le persil et le sel dans un petit bol. Mettre de côté.

Chauffer le wok ou la poêle à frire à feu mi-fort. Y verser l'huile de cuisson. Ajouter les betteraves. Faire fricasser en remuant pendant 4 à 5 minutes.

Ajouter l'oignon rouge. Faire fricasser en remuant environ 1 minute.

Incorporer le mélange de jus de citron et la margarine. Remuer pour la faire fondre. Pour 4 personnes.

1 portion : 92 calories; 6,5 g de matières grasses totales; 249 mg de sodium;1 g de protéines; 8 g de glucides; 2 g de fibres alimentaires

Photo à la page 125.

Pois fricassés

Un joli plat, qui se prépare rapidement.

Eau	½ tasse	125 mL
Fécule de maïs	2 c. à thé	10 mL
Bouillon de poulet en poudre	1 c. à thé	5 mL
Sel	⅛ c. à thé	0,5 mL
Poivre	¹⁄₁₆ c. à thé	0,5 mL
Tranches de bacon, coupées en morceaux de 12 mm (½ po)	2	2
Laitue, déchiquetée en petits morceaux	1½ tasse	375 mL
Petits pois surgelés	2 tasses	500 mL
Oignons verts, tranchés	2	2
Châtaignes d'eau tranchées, en conserve, égouttées	8 oz	227 mL

Délayer la fécule de maïs dans l'eau dans un petit bol. Ajouter le bouillon en poudre, le sel et le poivre. Remuer. Mettre de côté.

Faire fricasser le bacon en remuant, dans un wok chaud ou dans une poêle à frire, pendant environ 2 minutes jusqu'à ce qu'il soit presque cuit.

Ajouter la laitue, les pois, les oignons verts et les châtaignes d'eau. Faire fricasser en remuant pendant 1 à 2 minutes. Remuer le mélange de fécule de maïs et l'ajouter au mélange de légumes. Remuer jusqu'à ce que la préparation bouille et épaississe. Pour 4 personnes.

1 portion : 158 calories; 7 g de matières grasses totales; 425 mg de sodium; 6 g de protéines; 18 g de glucides; 4 g de fibres alimentaires

1. Poulet et sa farce, page 50
2. Betteraves et oignons, page 123

Accessoires fournis par : Chintz & Company
La Baie

Fricassée de haricots verts

Des légumes à la fois tendres et croquants, garnis d'amandes croquantes.

Sauce soja à basse teneur en sodium	1 c. à soupe	15 mL
Sel	¼ c. à thé	1 mL
Poudre d'ail	¼ c. à thé	1 mL
Gingembre moulu	⅛ c. à thé	0,5 mL
Amandes émincées	¼ tasse	60 mL
Huile de cuisson	1 c. à soupe	15 mL
Haricots verts coupés surgelés, partiellement dégelés	2 tasses	500 mL
Champignons frais, tranchés	1 tasse	250 mL
Maïs en grains surgelé	1 tasse	250 mL
Oignons verts, tranchés	4	4

Combiner les 5 premiers ingrédients dans un petit bol. Mettre de côté.

Chauffer le wok ou la poêle à frire à feu mi-fort. Y verser l'huile de cuisson. Ajouter les haricots verts. Faire fricasser en remuant environ 4 minutes.

Ajouter les champignons, le maïs et les oignons verts. Faire fricasser en remuant pendant 2 minutes. Ajouter le mélange de sauce soja. Remuer pour réchauffer le tout. Pour 4 personnes.

1 portion : 150 calories; 8,6 g de matières grasses totales; 334 mg de sodium; 5 g de protéines; 17 g de glucides; 4 g de fibres alimentaires

1. Choux de Bruxelles au fromage, page 118
2. Carottes glacées, page 122

Accessoires fournis par : Eaton
X/S Wares

Champignons mêlés

Quand on a envie de champignons, voici le plat rêvé.

Eau	1 c. à soupe	15 mL
Fécule de maïs	1 c. à thé	5 mL
Sauce soja à basse teneur en sodium	2 c. à soupe	30 mL
Sucre granulé	1 c. à thé	5 mL
Vinaigre blanc	1 c. à thé	5 mL
Gingembre moulu (ou 0,5 mL, ⅛ c. à thé, de gingembre frais, émincé)	¹⁄₁₆ c. à thé	0,5 mL
Poudre d'ail	¹⁄₁₆ c. à thé	0,5 mL
Huile de cuisson	1 c. à soupe	15 mL
Petits champignons frais entiers, coupés en deux ou en quatre s'ils sont gros	4 tasses	1 L
Oignon, tranché très fin	½ tasse	125 mL
Céleri, tranché fin	½ tasse	125 mL
Graines de sésame, grillées	1 c. à soupe	15 mL

Délayer la fécule de maïs dans l'eau dans une tasse. Ajouter les 5 prochains ingrédients. Remuer. Mettre de côté.

Chauffer le wok ou la poêle à frire à feu mi-fort. Y verser l'huile de cuisson. Ajouter les champignons, l'oignon et le céleri. Faire fricasser en remuant pendant 4 à 5 minutes jusqu'à ce que les légumes soient mous et dorés. Remuer le mélange de fécule de maïs et l'ajouter au mélange de champignons. Remuer jusqu'à ce que la préparation bouille et épaississe légèrement.

Répandre les graines de sésame sur le dessus. Donne 625 mL (2½ tasses). Pour 4 personnes.

1 portion : 84 calories; 5 g de matières grasses totales; 331 mg de sodium; 3 g de protéines; 8 g de glucides; 2 g de fibres alimentaires

Quand vous avez du temps libre, profitez-en pour hacher des oignons, des poivrons et des carottes. Conservez les légumes hachés au réfrigérateur, dans des récipients distincts, et ils seront déjà prêts la prochaine fois que vous ferez une fricassée.

Macédoine fricassée

Le chou-fleur, les carottes et les petits épis de maïs forment un assortiment coloré.

Eau	½ tasse	125 mL
Fécule de maïs	1 c. à soupe	15 mL
Sauce aux huîtres	2 c. à soupe	30 mL
Bouillon de poulet en poudre	1 c. à thé	5 mL
Sauce soja à basse teneur en sodium	1 c. à thé	5 mL
Sucre granulé	1 c. à thé	5 mL
Sel	½ c. à thé	2 mL
Gingembre moulu, à peine	¼ c. à thé	1 mL
Huile de cuisson	1 c. à soupe	15 mL
Petites carottes, tranchées fin	1 lb	454 g
Petit chou-fleur, coupé en petits morceaux	1	1
Petits épis de maïs entiers, en conserve, égouttés	14 oz	398 mL

Délayer la fécule de maïs dans l'eau dans un petit bol. Ajouter les 6 prochains ingrédients. Remuer. Mettre de côté.

Chauffer le wok ou la poêle à frire à feu mi-fort. Y verser l'huile de cuisson. Ajouter les carottes. Faire fricasser en remuant pendant 3 à 4 minutes.

Ajouter le chou-fleur. Faire fricasser en remuant pendant 4 à 5 minutes.

Ajouter les petits épis de maïs. Remuer le mélange de fécule de maïs et l'ajouter au mélange de légumes. Remuer jusqu'à ce que la préparation bouille et épaississe. Pour 8 personnes.

1 portion : 101 calories; 2,3 g de matières grasses totales; 766 mg de sodium; 3 g de protéines; 20 g de glucides; 4 g de fibres alimentaires

Carottes et chou

Un plat délicieux, accompagné d'une sauce au gingembre sucrée.

Eau	1/3 tasse	75 mL
Fécule de maïs	1 c. à soupe	15 mL
Vinaigre blanc	3 c. à soupe	50 mL
Cassonade, tassée	1/4 tasse	60 mL
Sauce soja à basse teneur en sodium	1 c. à thé	5 mL
Gingembre moulu	1/2 c. à thé	2 mL
Sel	1/2 c. à thé	2 mL
Huile de cuisson	2 c. à thé	10 mL
Carottes moyennes, coupées en médaillons fins ou en fines tranches sur la diagonale	3	3
Chou rouge, haché	1½ tasse	375 mL
Oignons verts, coupés en longueurs de 2,5 cm (1 po)	3	3

Délayer la fécule de maïs dans l'eau dans un petit bol. Ajouter les 5 prochains ingrédients. Remuer. Mettre de côté.

Chauffer le wok ou la poêle à frire à feu mi-fort. Y verser l'huile de cuisson. Ajouter les carottes. Faire fricasser en remuant pendant 3 à 4 minutes.

Ajouter le chou. Faire fricasser en remuant pendant 1 minute.

Ajouter les oignons verts. Faire fricasser en remuant pendant 1 minute. Remuer le mélange de fécule de maïs et l'ajouter au mélange de carottes. Remuer jusqu'à ce que la préparation bouille et épaississe. Donne 750 mL (3 tasses). Pour 4 personnes.

1 portion : 121 calories; 2,5 g de matières grasses totales; 421 mg de sodium; 1 g de protéines; 25 g de glucides; 2 g de fibres alimentaires

Photo à la page 143.

Betteraves à la mode de Harvard

Un plat d'accompagnement coloré.

Eau	1/4 tasse	60 mL
Fécule de maïs	1 c. à soupe	15 mL
Vinaigre blanc	1/4 tasse	60 mL
Sucre granulé	1/3 tasse	75 mL
Sel	1/2 c. à thé	2 mL
Huile de cuisson	1 c. à soupe	15 mL
Betteraves fraîches, épluchées et coupées en lanières	4 tasses	1 L

(suite...)

Délayer la fécule de maïs dans l'eau dans un petit bol. Ajouter le vinaigre, le sucre et le sel. Remuer. Mettre de côté.

Chauffer le wok ou la poêle à frire à feu mi-fort. Y verser l'huile de cuisson. Ajouter les betteraves. Faire fricasser en remuant pendant 9 à 10 minutes jusqu'à ce qu'elles soient tendres, mais encore croquantes. Remuer le mélange de fécule de maïs et l'ajouter au mélange de betteraves. Remuer jusqu'à ce que la préparation bouille et épaississe. Donne 500 mL (2 tasses). Pour 4 personnes.

1 portion : 163 calories; 3,6 g de matières grasses totales; 428 mg de sodium; 2 g de protéines; 32 g de glucides; 4 g de fibres alimentaires

Haricots de Lima et champignons

Une bonne façon de servir cette variété de haricots.

Eau	¼ tasse	60 mL
Fécule de maïs	1 c. à soupe	15 mL
Lait	¼ tasse	60 mL
Sherry (ou sherry sans alcool)	2 c. à thé	10 mL
Bouillon de poulet en poudre	½ c. à thé	2 mL
Sel	⅛ c. à thé	0,5 mL
Poivre	⅛ c. à thé	0,5 mL
Margarine dure (ou beurre)	2 c. à thé	10 mL
Chapelure	2 c. à soupe	30 mL
Huile de cuisson	1 c. à soupe	15 mL
Haricots de Lima surgelés	2 tasses	500 mL
Petits champignons frais entiers, coupés en deux ou en quatre s'ils sont gros	2 tasses	500 mL

Délayer la fécule de maïs dans l'eau dans un petit bol. Ajouter les 5 prochains ingrédients. Remuer. Mettre de côté.

Chauffer la margarine avec la chapelure dans un wok ou une poêle à frire pour la faire fondre. Remuer pour faire dorer la chapelure. Verser le tout dans une soucoupe.

Chauffer le wok ou la poêle à frire à feu mi-fort. Y verser l'huile de cuisson. Ajouter les haricots de Lima. Faire fricasser en remuant environ 3 minutes, jusqu'à ce que les haricots commencent à brunir. Verser dans un bol.

Mettre les champignons dans le wok chaud. Faire fricasser en remuant environ 2 minutes, jusqu'à ce qu'ils soient dorés. Ajouter les haricots. Remuer le mélange de fécule de maïs et l'ajouter au mélange de haricots. Remuer jusqu'à ce que la préparation bouille et épaississe. Répandre la chapelure sur le dessus. Pour 4 personnes.

1 portion : 182 calories; 6,7 g de matières grasses totales; 234 mg de sodium; 7 g de protéines; 24 g de glucides; 5 g de fibres alimentaires

Photo à la page 143.

Fricassée de haricots à la française

Une recette à essayer quand on a envie de haricots verts.
Également bons garnis d'un peu de cheddar râpé.

Lait écrémé évaporé	½ tasse	125 mL
Fécule de maïs	1 c. à soupe	15 mL
Bouillon de bœuf en poudre	1 c. à thé	5 mL
Vin blanc (ou vin blanc sans alcool)	3 c. à soupe	50 mL
Muscade moulue	⅛ c. à thé	0,5 mL
Sel	1 c. à thé	5 mL
Poivre	¼ c. à thé	1 mL
Huile de cuisson	2 c. à soupe	30 mL
Haricots verts coupés à la française surgelés	1 lb	454 g
Oignon haché fin	½ tasse	125 mL
Champignons frais, hachés	1 tasse	250 mL
Gousse d'ail, émincée (ou 1 mL, ¼ c. à thé, de poudre d'ail)	1	1
Amandes émincées	¼ tasse	60 mL

Combiner le lait évaporé et la fécule de maïs dans un petit bol. Ajouter les 5 prochains ingrédients. Remuer. Mettre de côté.

Chauffer le wok ou la poêle à frire à feu mi-fort. Y verser l'huile de cuisson. Ajouter les haricots verts, l'oignon, les champignons, l'ail et les amandes. Faire fricasser en remuant pendant 3 à 4 minutes jusqu'à ce que les légumes soient tendres, mais encore croquants. Remuer le mélange de fécule de maïs et l'ajouter au mélange de haricots verts. Remuer jusqu'à ce que la préparation bouille et épaississe. Donne 1 L (4 tasses). Pour 6 personnes.

1 portion : 136 calories; 8 g de matières grasses totales; 585 mg de sodium; 5 g de protéines; 12 g de glucides; 3 g de fibres alimentaires

Fricassée de chou

Cette méthode prend moitié moins de temps que l'ébullition!

Huile de cuisson	1 c. à soupe	15 mL
Petit chou (environ 454 g, 1 lb), grossièrement haché	6 tasses	1,5 L
Sel	¼ c. à thé	1 mL
Poivre	⅛ c. à thé	0,5 mL
Crème sure légère (ou plus, au goût)	¼ tasse	60 mL

(suite...)

Légumes

Chauffer le wok ou la poêle à frire à feu mi-fort. Y verser l'huile de cuisson. Ajouter le chou. Faire fricasser en remuant environ 2 minutes jusqu'à ce qu'il soit tendre, encore croquant, mais pas fané.

Saler et poivrer. Ajouter la crème sure. Bien remuer pour combiner. Donne 1 L (4 tasses). Pour 4 personnes.

1 portion : 74 calories; 4,8 g de matières grasses totales; 199 mg de sodium; 2 g de protéines; 7 g de glucides; 2 g de fibres alimentaires

Riz aux légumes

Un plat coloré et croquant. Il est plus foncé si on y ajoute la sauce soja.

Riz blanc à grains longs	1 tasse	250 mL
Bouillon de poulet en poudre	1 c. à soupe	15 mL
Eau	2 tasses	500 mL
Huile de cuisson	1 c. à soupe	15 mL
Eau	2 c. à soupe	30 mL
Carottes, tranchées fin	1 tasse	250 mL
Poivron vert moyen, émincé	1	1
Oignon, émincé	½ tasse	125 mL
Champignons frais, tranchés	1½ tasse	375 mL
Oignons verts, tranchés	2	2
Poudre d'ail	⅛ c. à thé	0,5 mL
Amandes émincées	⅓ tasse	75 mL
Sauce soja à basse teneur en sodium (facultatif)	1 c. à soupe	15 mL

Cuire le riz avec le bouillon en poudre et la première quantité d'eau dans une casserole moyenne couverte pendant 15 à 20 minutes jusqu'à ce qu'il soit tendre et ait absorbé toute l'eau. Couvrir pour garder le riz au chaud.

Chauffer le wok ou la poêle à frire à feu mi-fort. Y verser l'huile de cuisson et la seconde quantité d'eau. Ajouter les carottes. Couvrir. Cuire à la vapeur pendant 2 minutes. Découvrir. Faire fricasser en remuant pendant 1 minute.

Ajouter le poivron vert et l'oignon. Faire fricasser en remuant pendant 1 minute.

Ajouter les champignons, les oignons verts, la poudre d'ail et les amandes. Faire fricasser en remuant jusqu'à ce que les légumes soient tendres, mais encore croquants.

Incorporer le riz et la sauce soja en remuant. Servir sur-le-champ. Donne 1 L (4 tasses). Pour 4 personnes.

1 portion : 319 calories; 10,5 g de matières grasses totales; 504 mg de sodium; 7 g de protéines; 50 g de glucides; 4 g de fibres alimentaires

Fricassée de champignons

Un excellent plat de champignons, qui contient du concombre.

Cube de bouillon de poulet	1	1
Eau bouillante	⅓ tasse	75 mL
Huile de cuisson	1 c. à soupe	15 mL
Champignons frais, tranchés	4 tasses	1 L
Huile de cuisson	1 c. à soupe	15 mL
Petit concombre anglais non pelé, coupé en lanières fines	1	1
Oignon rouge, tranché fin	1 tasse	250 mL
Sel	¼ c. à thé	1 mL
Poivre	⅛ c. à thé	0,5 mL
Farine tout usage	1 c. à soupe	15 mL
Crème sure légère	¼ tasse	60 mL
Oignons verts, hachés	2	2
Ketchup	1 c. à thé	5 mL
Sherry (ou sherry sans alcool)	1 c. à thé	5 mL

Dissoudre le cube de bouillon cube dans l'eau bouillante dans un petit bol. Mettre de côté.

Chauffer le wok ou la poêle à frire à feu mi-fort. Y verser la première quantité d'huile de cuisson. Ajouter les champignons. Faire fricasser en remuant environ 3 minutes jusqu'à ce qu'ils soient dorés. Verser le tout dans un bol.

Verser la seconde quantité d'huile dans le wok chaud. Ajouter le concombre et l'oignon rouge. Faire fricasser en remuant jusqu'à ce qu'ils soient mous. Saler et poivrer. Ajouter les champignons.

Répandre la farine sur les légumes et remuer. Ajouter la crème sure, les oignons verts, le ketchup et le sherry. Ajouter le mélange de bouillon à celui de champignons et remuer jusqu'à ce que la préparation bouille et soit bien chaude. Pour 6 personnes.

1 portion : 91 calories; 5,8 g de matières grasses totales; 553 mg de sodium; 2 g de protéines; 9 g de glucides; 2 g de fibres alimentaires

 *Lorsque vous faites une fricassée, préparez tous les ingrédients à l'avance et ayez-les à portée de main sur le comptoir, dans l'ordre dans lequel vous devez les cuire. Un guide sur le temps de cuisson des légumes est fourni à la page 8.*

Riz frit aux crevettes

Les petits pois et les oignons verts complètent agréablement ce plat.

Huile de cuisson	1 c. à soupe	15 mL
Eau	¼ tasse	60 mL
Sauce soja à basse teneur en sodium	1 c. à soupe	15 mL
Sel assaisonné	½ c. à thé	2 mL
Sel	¼ c. à thé	1 mL
Poivre	¹⁄₁₆ c. à thé	0,5 mL
Oignons verts, coupés en longueurs de 2,5 cm (1 po)	3	3
Sucre granulé	1 c. à thé	5 mL
Bouillon de poulet en poudre	1 c. à thé	5 mL
Petites crevettes cuites surgelées, dégelées sous l'eau froide	¾ lb	340 g
Huile de cuisson	1 c. à soupe	15 mL
Gros œufs, battus à la fourchette	3	3
Petits pois surgelés, dégelés	1 tasse	250 mL
Riz cuit (environ 250 mL, 1 tasse, de riz non cuit)	3 tasses	750 mL

Combiner les 9 premiers ingrédients dans un petit bol. Mettre de côté.

Essuyer les crevettes avec un essuie-tout, en les tapotant.

Chauffer le wok ou la poêle à frire à feu mi-fort. Y verser la seconde quantité d'huile. Ajouter les œufs. Faire fricasser en remuant jusqu'à ce qu'ils commencent à prendre. Ajouter les crevettes et les pois. Faire fricasser en remuant jusqu'à ce que les œufs soient pris. Verser le tout dans un bol.

Verser le mélange de sauce soja dans le wok chaud. Ajouter le riz. Faire fricasser en remuant, en séparant le riz, pour le réchauffer. Ajouter le mélange de crevettes. Remuer pour réchauffer le tout. Pour 4 personnes.

1 portion : 457 calories; 12,9 g de matières grasses totales; 878 mg de sodium; 29 g de protéines; 54 g de glucides; 2 g de fibres alimentaires

Dumplings aux pommes de terre

Ces dumplings sont bien épicés. Idéalement,
les pommes de terre doivent être cuites la veille.

Pommes de terre (environ 3 moyennes) épluchées et coupées en dés	1 lb	454 g
Eau (2,5 cm, 1 po, de profondeur)	2 tasses	500 mL
Gros œuf, battu à la fourchette	1	1
Sel	½ c. à thé	2 mL
Poivre	⅛ c. à thé	0,5 mL
Farine tout usage	¾ tasse	175 mL
Petits croûtons (ou 8 petits cubes de jambon)	24	24
Eau	6 tasses	1,5 L
Sel	¾ c. à thé	4 mL

Cuire les pommes de terre dans la première quantité d'eau dans une casserole moyenne jusqu'à ce qu'elles soient tendres. Égoutter. Réduire en purée. Devrait donner environ 425 mL (1 ¾ tasse) de purée. Laisser refroidir. Réfrigérer jusqu'au lendemain. Si la purée de pommes de terre vient juste d'être préparée, les dumplings ont tendance à se défaire facilement.

Combiner l'œuf, la première quantité de sel, le poivre et la farine à la purée. Diviser la purée en portions de 60 mL (¼ tasse).

Écraser légèrement chaque portion. Façonner chaque portion de purée autour de 3 croûtons ou de 1 cube de jambon.

Porter les secondes quantités d'eau et de sel à ébullition dans le wok à feu mi-fort. Déposer les portions de purée dans l'eau, en une seule couche. Laisser mijoter doucement, à découvert, environ 10 minutes. Retirer les dumplings de l'eau avec une écumoire. Donne 8 dumplings.

1 dumpling : 99 calories; 0,8 g de matières grasses totales; 440 mg de sodium; 3 g de protéines;
20 g de glucides; 1 g de fibres alimentaires

Beignets au jambon et au maïs

Un délice tentant, difficile à résister.

Farine tout usage	½ tasse	125 mL
Poudre à pâte	2 c. à thé	10 mL
Poivre	¹/₁₆ c. à thé	0,5 mL
Gros œufs, battus à la fourchette	3	3
Maïs en grains, en conserve, égoutté	12 oz	341 mL
Flocons de jambon, en conserve, égouttés et défaits	6½ oz	184 g
Huile de cuisson, pour la friture	3 tasses	750 mL

Combiner la farine avec la poudre à pâte et le poivre dans un bol moyen. Ajouter les œufs. Battre à la cuillère. Ajouter le maïs et le jambon. Mélanger.

Chauffer l'huile à 375 °F (190 °C) dans le wok, au réglage mi-fort. Déposer des grosses cuillerées à thé de pâte dans l'huile chaude. Faire frire dans l'huile jusqu'à ce que les beignets soient complètement dorés. Donne 28 beignets.

2 beignets : 94 calories; 5,3 g de matières grasses totales; 242 mg de sodium; 4 g de protéines; 7 g de glucides; 1 g de fibres alimentaires

Variante : Déposer les cuillerées de pâte dans de la chapelure. Avec une cuillère, les napper de chapelure. Faire frire dans l'huile. Ces beignets sont plus foncés.

Beignets au maïs

Ils sont délicieux au naturel ou avec du ketchup, ou encore avec de la confiture.

Farine tout usage	1 tasse	250 mL
Poudre à pâte	1 c. à thé	5 mL
Sel	1 c. à thé	5 mL
Gros œufs	2	2
Eau (ou lait)	3 c. à soupe	50 mL
Maïs en grains, en conserve, égoutté	12 oz	341 mL
Huile de cuisson, pour la friture	3 tasses	750 mL

Combiner la farine avec la poudre à pâte et le sel dans un bol moyen.

Battre les œufs dans un petit bol. Incorporer l'eau en battant. Ajouter les œufs au mélange de farine. Ajouter le maïs. Bien mélanger.

Chauffer l'huile à 375 °F (190 °C) dans le wok, au réglage mi-fort. Déposer des grosses cuillerées à thé de pâte dans l'huile chaude. Faire frire dans l'huile pendant 3 à 4 minutes. Donne 20 beignets.

2 beignets : 69 calories; 2,4 g de matières grasses totales; 234 mg de sodium; 2 g de protéines; 10 g de glucides; 1 g de fibres alimentaires

Poisson pané en sauce

Le riz et la sauce sont parfumés par le vin de riz.

Riz blanc à grains longs	1¼ tasse	300 mL
Eau	2 tasses	500 mL
Vin de riz	½ tasse	125 mL
PÂTE		
Farine tout usage	¼ tasse	60 mL
Fécule de maïs	¼ tasse	60 mL
Gros œuf	1	1
Eau	3 c. à soupe	50 mL
SAUCE		
Margarine dure (ou beurre)	1 c. à thé	5 mL
Oignons verts, tranchés fin	2	2
Eau	¾ tasse	175 mL
Fécule de maïs	2 c. à thé	10 mL
Sauce chili	3 c. à soupe	50 mL
Cassonade, tassée	1 c. à thé	5 mL
Sel	¾ c. à thé	4 mL
Poudre d'ail	¼ c. à thé	1 mL
Gingembre moulu	⅛ c. à thé	0,5 mL
Vin de riz	1 c. à soupe	15 mL
Huile de cuisson, pour la friture	3 tasses	750 mL
Filet de morue, coupé en tranches fines	1¼ lb	560 g
Farine tout usage	⅓ tasse	75 mL

Cuire le riz dans l'eau additionnée du vin de riz dans une casserole moyenne pendant 15 à 20 minutes jusqu'à ce qu'il soit tendre et ait absorbé toute l'eau. Couvrir pour le garder au chaud.

Pâte : Combiner la farine avec la fécule de maïs dans un petit bol.

Battre l'œuf et l'eau dans une tasse. Incorporer au mélange de farine en remuant. Rajouter de l'eau au besoin. La pâte doit être assez liquide pour enrober le poisson, mais pas trop liquide.

Sauce : Faire chauffer la margarine dans une petite casserole. Ajouter les oignons verts. Faire revenir pendant 1 minute.

Délayer la fécule de maïs dans l'eau dans un petit bol. Ajouter les 6 prochains ingrédients. Remuer. Incorporer ce mélange à celui d'oignons verts et remuer jusqu'à ce que la sauce bouille et épaississe légèrement. Garder au chaud.

(suite...)

Chauffer l'huile à 375 °F (190 °C) dans le wok, au réglage mi-fort. Tremper le poisson dans la farine, puis dans la pâte pour l'enrober. Mettre le poisson dans l'huile chaude. Faire frire jusqu'à ce qu'il soit croustillant et légèrement doré des deux côtés. Étaler le riz sur 4 assiettes individuelles. Poser le poisson sur le riz et napper de sauce. Pour 4 personnes.

1 portion : 613 calories; 15,8 g de matières grasses totales; 792 mg de sodium; 33 g de protéines; 76 g de glucides; 2 g de fibres alimentaires

Boulettes de bœuf

Servir ces petits hors-d'œuvre bien relevés avec des pique-fruits.

Lait (ou eau)	⅓ tasse	75 mL
Chapelure fine	⅓ tasse	75 mL
Oignon haché fin	¼ tasse	60 mL
Gousses d'ail, émincées (ou 4 mL, ¾ c. à thé, de poudre d'ail)	3	3
Poudre d'oignon	¾ c. à thé	4 mL
Sel	¾ c. à thé	4 mL
Poivre	¼ c. à thé	1 mL
Bœuf haché maigre	1 lb	454 g
Fécule de maïs	¼ tasse	60 mL
Huile de cuisson, pour la friture	3 tasses	750 mL

Combiner le lait avec la chapelure, l'oignon, l'ail, la poudre d'oignon, le sel et le poivre dans un bol moyen.

Ajouter le bœuf haché. Mélanger. Façonner des boulettes de 2,5 cm (1 po) et les rouler dans la fécule de maïs pour les enrober.

Chauffer l'huile à 375 °F (190 °C) dans le wok, au réglage mi-fort. Déposer quelques boulettes à la fois dans l'huile chaude. Laisser bien dorer, pendant 3 à 4 minutes. Donne 40 boulettes.

2 boulettes : 79 calories; 4,9 g de matières grasses totales; 133 mg de sodium; 5 g de protéines; 4 g de glucides; trace de fibres alimentaires

Grands-pères

Les woks sont parfaits pour cuire des grands-pères!

Margarine dure (le beurre brunit trop vite)	1 c. à soupe	15 mL
Oignon haché fin	½ tasse	125 mL
Lait	1 tasse	250 mL
Petits pains rassis, coupés en cubes de 12 mm (½ po), voir Remarque	4½ tasses	1,1 L
Gros œufs, battus à la fourchette	2	2
Persil en flocons	½ c. à thé	2 mL
Muscade moulue	¼ c. à thé	1 mL
Sel	¼ c. à thé	1 mL
Poivre	¼ c. à thé	1 mL
Farine tout usage	⅓ tasse	75 mL
Eau	8 tasses	2 L
Sel	1 c. à thé	5 mL

Faire fondre la margarine dans une casserole moyenne. Ajouter l'oignon et le faire revenir jusqu'à ce qu'il soit mou.

Ajouter le lait. Le réchauffer sans le laisser bouillir. Retirer du feu. Ajouter les cubes de pain. Les enfoncer dans le mélange de lait pour les imbiber.

Ajouter les 6 prochains ingrédients. Bien mélanger. Façonner 8 boulettes avec environ 60 mL (¼ tasse) du mélange à la fois.

Porter l'eau additionnée de la seconde quantité de sel à ébullition dans le wok, au réglage moyen. Déposer quelques boulettes à la fois dans l'eau. Porter de nouveau à ébullition. Laisser mijoter doucement, à découvert, pendant 15 à 20 minutes, jusqu'à ce que les grands-pères flottent. Les retirer de l'eau avec une écumoire. Donne 8 grands-pères.

1 grand-père : 151 calories; 4 g de matières grasses totales; 637 mg de sodium; 6 g de protéines; 22 g de glucides; 1 g de fibres alimentaires

Remarque : Cuire d'abord 1 seul grand-père. S'il se défait, rajouter des cubes de pain. S'il est trop dur, rajouter du lait.

Rouleaux printaniers

De savoureux petits paquets. Servir avec la sauce aux prunes, page 114.

Huile de cuisson	1 c. à soupe	15 mL
Filet de porc, émincé très fin	6 oz	170 g
Céleri, haché fin	½ tasse	125 mL
Chou, râpé fin	2 tasses	500 mL
Huile de cuisson	1 c. à soupe	15 mL
Crevettes fraîches non cuites, écalées et nettoyées	6 oz	170 g
Oignons verts, hachés	3	3
Sucre granulé	1 c. à thé	5 mL
Sel	¾ c. à thé	4 mL
Poivre	⅛ c. à thé	0,5 mL
Enveloppes à roulés à la chinoise (de 10 × 10 cm, 4 × 4 po)	22	22
Gros œuf, battu à la fourchette	1	1
Huile de cuisson, pour la friture	4 tasses	1 L

Chauffer le wok ou la poêle à frire à feu mi-fort. Y verser la première quantité d'huile de cuisson. Ajouter le porc, le céleri et le chou. Faire fricasser en remuant jusqu'à ce que la viande ne soit plus rose et que le chou soit fané. Verser le tout dans un bol.

Verser la seconde quantité d'huile dans le wok chaud. Ajouter les crevettes, les oignons verts, le sucre, le sel et le poivre. Faire fricasser en remuant jusqu'à ce que les crevettes soient roses et recroquevillées. Les sortir du wok, les hacher et les mettre dans le bol. Remuer.

Dresser une généreuse cuillerée à soupe du mélange au coin d'une enveloppe. Rabattre le coin sur la garniture, en le ramenant sous celle-ci. Ramener les deux coins adjacents sur le milieu. Enrouler pour former une enveloppe. Humecter les bords du dernier coin avec l'œuf. Sceller au centre. Préparer tous les rouleaux de cette façon. Laisser reposer 30 minutes.

Chauffer l'huile à 375 °F (190 °C) dans le wok, au réglage mi-fort. Faire frire quelques rouleaux dans l'huile chaude pendant environ 4 minutes, en les dorant de tous les côtés. Égoutter sur une lèchefrite recouverte d'essuie-tout, dans le four chauffé à 200 °F (95 °C). Donne 22 rouleaux.

2 rouleaux printaniers : 103 calories; 6,2 g de matières grasses totales; 148 mg de sodium; 8 g de protéines; 4 g de glucides; trace de fibres alimentaires

Photo à la page 71.

ROULÉS À LA CHINOISE : Répartir la garniture sur huit enveloppes à roulés de 20 × 20 cm (8 × 8 po). Enrouler et cuire comme les rouleaux printaniers. Donne 8 roulés.

Pépites de poulet

Les variantes ne manquent pas – à chacun de choisir sa préférée.
La préparation est un peu exigeante, mais le résultat est délicieux.

Eau	⅓ tasse	75 mL
Chapelure de craquelins	⅓ tasse	75 mL
Sel	½ c. à thé	2 mL
Poivre	⅛ c. à thé	0,5 mL
Assaisonnement pour volaille	¹⁄₁₆ c. à thé	0,5 mL
Sel au céleri	⅛ c. à thé	0,5 mL
Poudre d'oignon	¼ c. à thé	1 mL
Poulet haché	1 lb	454 g
Huile de cuisson, pour la friture	3 tasses	750 mL

Combiner les 7 premiers ingrédients dans un bol moyen.

Ajouter le poulet haché. Bien mélanger. Façonner des boulettes de 2,5 cm (1 po).

Chauffer l'huile à 375 °F (190 °C) dans le wok, au réglage mi-fort. Faire frire les boulettes dans l'huile chaude pendant 1½ minute, jusqu'à ce qu'elles soient cuites. Donne 40 pépites.

2 pépites : 44 calories; 2,3 g de matières grasses totales; 108 mg de sodium; 5 g de protéines; 1 g de glucides; trace de fibres alimentaires

Pépites de poulet à la mexicaine : Ajouter 2 c. à thé (10 mL) d'assaisonnement pour taco à la préparation.

Pépites de poulet au parmesan : Rouler les boulettes dans du parmesan râpé. L'enrobage est plus croustillant.

Pépites de porc : Remplacer le poulet par 454 g (1 lb) de porc haché maigre.

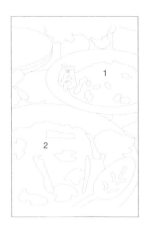

1. Haricots de Lima et champignons, page 131
2. Carottes et chou, page 130

Accessoires fournis par : Eaton
Stokes
X/S Wares

Crevettes frites à l'huile

Un changement agréable à la place du poisson pané et frites habituels.

Bouquets de brocoli	2 tasses	500 mL
Courgettes non pelées, tranchées, trempées dans la farine	2 tasses	500 mL
Petits champignons frais	2 tasses	500 mL
Crevettes moyennes fraîches non cuites, avec la queue, écalées et nettoyées	¾ lb	340 g
PÂTE		
Préparation pour crêpes	1¼ tasse	300 mL
Eau	1¼ tasse	300 mL
Chapelure fine	1 tasse	250 mL
Huile de cuisson, pour la friture	3 tasses	750 mL

Mettre les légumes dans un grand bol. Disposer les crevettes sur une assiette.

Pâte : Combiner la préparation pour crêpes et l'eau dans un petit bol. Tremper les morceaux de légumes et les crevettes un à la fois dans la pâte, pour les enrober.

Rouler les morceaux dans la chapelure. Chauffer l'huile à 375 °F (190 °C) dans le wok, au réglage mi-fort. Faire frire plusieurs morceaux à la fois jusqu'à ce qu'ils soient dorés. Les garder au chaud dans le four chauffé à 200 °F (95 °C), sur une lèchefrite recouverte d'essuie-tout. Pour 4 personnes.

1 portion : 475 calories; 13,2 g de matières grasses totales; 993 mg de sodium; 28 g de protéines; 62 g de glucides; 5 g de fibres alimentaires

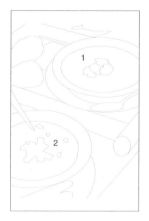

1. Zucchini Chowder, page 148
2. Tortilla Soup, page 146

Props Courtesy Of: Eaton's
The Bay
X/S Wares

Soupe mexicaine

Une excellente soupe, bien relevée. Servir
rapidement pour éviter que les tortillas ne mollissent trop.

Huile de cuisson	1 c. à soupe	15 mL
Oignon moyen, haché	1	1
Poivron vert moyen, haché	1	1
Gousse d'ail, émincée (ou 1 mL, ¼ c. à thé, de poudre d'ail)	1	1
Tomates en dés, en conserve, non égouttées	14 oz	398 mL
Bouillon de poulet condensé	10 oz	284 mL
Boîte de soupe remplie d'eau	10 oz	284 mL
Sucre granulé	½ c. à thé	2 mL
Sel	½ c. à thé	2 mL
Tortillas de maïs, coupées en lanières de 5 cm × 6 mm (2 × ¼ po), pour décorer	2	2
Monterey Jack (ou cheddar fort), râpé, pour décorer	¼ tasse	60 mL

Chauffer le wok à feu mi-fort. Y verser l'huile de cuisson. Ajouter l'oignon, le poivron vert et l'ail. Faire fricasser en remuant jusqu'à ce que l'oignon soit mou.

Ajouter les tomates non égouttées, le bouillon de poulet, l'eau, le sucre et le sel. Porter à ébullition en remuant de temps en temps. Laisser mijoter pendant 20 minutes.

Répartir les morceaux de tortillas et le fromage dans 4 bols. Servir la soupe dans les bols. Donne 1 L (4 tasses). Pour 4 personnes.

1 portion : 92 calories; 4,6 g de matières grasses totales; 821 mg de sodium; 5 g de protéines; 9 g de glucides; 2 g de fibres alimentaires ·

Photo à la page 144.

Soupe de poulet

Une soupe colorée, avec des brins de carottes et de céleri.

Huile de cuisson	1 c. à soupe	15 mL
Oignon moyen, haché	1	1
Demi-poitrines de poulet, dépouillées et désossées (environ 2), coupées en dés	½ lb	225 g
Pommes de terre moyenne, coupées en dés	2	2
Céleri, tranché	¾ tasse	175 mL
Carottes moyennes, tranchées fin	2	2
Poireau (partie blanche seulement), haché	1	1

(suite...)

Eau	6 tasses	1,5 L
Bouillon de poulet en poudre	2 c. à soupe	30 mL
Persil en flocons	½ c. à thé	2 mL
Sel	½ c. à thé	2 mL
Poivre	¹⁄₁₆ c. à thé	0,5 mL

Chauffer le wok à feu mi-fort. Y verser l'huile de cuisson. Ajouter l'oignon et le poulet. Faire fricasser en remuant jusqu'à ce que l'oignon soit doré et que le poulet soit cuit.

Ajouter les pommes de terre, le céleri, les carottes et le poireau. Remuer. Couvrir. Laisser mijoter pendant 5 minutes.

Ajouter l'eau, le bouillon en poudre, le persil, le sel et le poivre. Laisser mijoter pendant 30 minutes. Donne 1,5 L (6 tasses). Pour 6 personnes.

1 portion : 134 calories; 3,5 g de matières grasses totales; 931 mg de sodium; 11 g de protéines; 15 g de glucides; 2 g de fibres alimentaires

Soupe de pois cassés

Une version pour le wok d'une soupe traditionnelle.
Répandre des miettes de bacon sur le dessus.

Huile de cuisson	1 c. à soupe	15 mL
Oignon moyen, haché	1	1
Carottes moyennes, râpées	1	1
Céleri, coupé en dés	½ tasse	125 mL
Eau	7 tasses	1,75 L
Pois cassés verts secs	1½ tasse	375 mL
Jambon en dés (285 g, 10 oz)	1¾ tasse	425 mL
Sel	2 c. à thé	10 mL
Poivre	½ c. à thé	2 mL
Fumée liquide	⅛ c. à thé	0,5 mL

Miettes de bacon, une pincée

Chauffer le wok à feu mi-fort. Y verser l'huile de cuisson. Ajouter l'oignon, les carottes et le céleri. Faire fricasser en remuant jusqu'à ce que les légumes soient mous.

Ajouter l'eau et les pois. Laisser mijoter, en remuant de temps en temps, jusqu'à ce que la préparation bouille. Couvrir. Laisser mijoter environ 1 heure. Combiner la soupe au mélangeur pour qu'elle soit lisse, puis la remettre dans le wok chaud.

Ajouter le jambon, le sel, le poivre et la fumée liquide. Laisser mijoter pendant 5 minutes, en remuant souvent.

Répandre les miettes de bacon sur la soupe. Donne 1,75 L (7 tasses). Pour 6 personnes.

1 portion : 151 calories; 7,5 g de matières grasses totales; 1 586 mg de sodium; 11 g de protéines; 10 g de glucides; 3 g de fibres alimentaires

Soupe de haricots noirs

Il ne faut pas se laisser tromper par la couleur. Cette soupe est savoureuse.

Tranches de bacon, coupées en dés	3	3
Oignon haché	1 tasse	250 mL
Poivron vert moyen, haché	1	1
Haricots noirs, en conserve, non égouttés	19 oz	540 mL
Eau	1 tasse	250 mL
Origan entier déshydraté	¼ c. à thé	1 mL
Sel	½ c. à thé	2 mL
Poivre	⅛ c. à thé	0,5 mL
Bouillon de poulet en poudre	4 c. à thé	20 mL
Eau	2 tasses	500 mL
Jambon, haché	½ tasse	125 mL

Chauffer le wok à feu mi-fort. Faire fricasser le bacon dans le wok en remuant, jusqu'à ce qu'il soit cuit. Le verser dans un bol.

Ajouter l'oignon et le poivron vert. Faire fricasser en remuant jusqu'à ce que les légumes soient mous. Les mettre dans le mélangeur. Ajouter les haricots non égouttés et la première quantité d'eau. Combiner jusqu'à ce que le mélange soit lisse et le remettre dans le wok chaud.

Incorporer les 5 prochains ingrédients en remuant. Laisser mijoter pendant 5 minutes.

Ajouter le jambon et le bacon. Laisser mijoter pendant 1 minute. Donne 1,25 L (5 tasses). Pour 4 personnes.

1 portion : 305 calories; 16,7 g de matières grasses totales; 1 729 mg de sodium; 15 g de protéines; 24 g de glucides; 4 g de fibres alimentaires

Chaudrée de courgettes

Une soupe riche et épaisse, parsemée de brins verts et orange.

Huile de cuisson	1 c. à soupe	15 mL
Courgettes non pelées (environ 2 moyennes), râpées	2½ tasses	625 mL
Carottes moyennes, râpées	2	2
Oignon moyen, haché	1	1
Lait	1 tasse	250 mL
Farine tout usage	¼ tasse	60 mL
Bouillon de poulet condensé	2 × 10 oz	2 × 284 mL
Sel	½ c. à thé	2 mL
Poivre	¼ c. à thé	1 mL
Monterey Jack, râpé	1 tasse	250 mL

(suite...)

Soupes au wok

Chauffer le wok à feu mi-fort. Y verser l'huile de cuisson. Ajouter les courgettes, les carottes et l'oignon. Faire fricasser en remuant jusqu'à ce que les légumes soient mous, mais non dorés.

Combiner le lait et la farine dans un petit bol jusqu'à ce qu'il ne reste plus de grumeaux. Incorporer ce mélange à celui de courgettes en remuant. Ajouter le bouillon de poulet, le sel et le poivre. Remuer jusqu'à ce que la préparation bouille et épaississe.

Ajouter le fromage et remuer jusqu'à ce qu'il soit fondu. Donne 1,5 L (6 tasses). Pour 6 personnes.

1 portion : 211 calories; 12,4 g de matières grasses totales; 995 mg de sodium; 12 g de protéines; 13 g de glucides; 2 g de fibres alimentaires

Photo à la page 144.

Soupe de bœuf et de légumes

Une soupe savoureuse, qui contient beaucoup de viande. La recette est généreuse.

Huile de cuisson	1 c. à thé	5 mL
Bœuf haché maigre	1 lb	454 g
Oignon haché	1 tasse	250 mL
Huile de cuisson	1 c. à thé	5 mL
Céleri, haché	¾ tasse	175 mL
Carottes, tranchées fin	1¼ tasse	300 mL
Chou, râpé	1½ tasse	375 mL
Eau	7 tasses	1,75 L
Tomates en dés, en conserve, non égouttées	14 oz	398 mL
Basilic déshydraté	1 c. à thé	5 mL
Poudre Chili	½ c. à thé	2 mL
Sel	1 c. à thé	5 mL
Poivre	½ c. à thé	2 mL
Sucre granulé	1 c. à thé	5 mL
Sauce Worcestershire	1 c. à thé	5 mL
Bouillon de bœuf en poudre	3 c. à soupe	50 mL

Chauffer le wok à feu mi-fort. Y verser la première quantité d'huile de cuisson. Ajouter le bœuf haché et l'oignon. Faire fricasser en remuant jusqu'à ce que le bœuf ne soit plus rose. Égoutter. Verser le tout dans un bol.

Verser la seconde quantité d'huile dans le wok chaud. Ajouter le céleri, les carottes et le chou. Faire fricasser en remuant jusqu'à ce que les légumes soient tendres, mais encore croquants. Ajouter le mélange de bœuf.

Ajouter les 9 derniers ingrédients. Porter à ébullition en remuant de temps en temps. Couvrir. Laisser mijoter pendant 30 minutes. Donne 2,5 L (10 tasses). Pour 8 personnes.

1 portion : 150 calories; 7,6 g de matières grasses totales; 1 141 mg de sodium; 12 g de protéines; 8 g de glucides; 2 g de fibres alimentaires

Minestrone

Une soupe bien relevée et bien consistante.

Huile de cuisson	1 c. à thé	5 mL
Bœuf haché maigre	1 lb	454 g
Oignon moyen, haché	1	1
Huile de cuisson	2 c. à thé	10 mL
Carottes, coupées en dés	²/₃ tasse	150 mL
Pommes de terre, coupées en dés	1 tasse	250 mL
Chou, râpé fin	1 tasse	250 mL
Céleri, coupé en dés	½ tasse	125 mL
Haricots rouges, en conserve, non égouttés	14 oz	398 mL
Tomates broyées, en conserve	14 oz	398 mL
Eau	6 tasses	1,5 L
Sauce Worcestershire	2 c. à soupe	30 mL
Bouillon de bœuf en poudre	3 c. à soupe	50 mL
Coudes, non cuits	1 tasse	250 mL
Persil en flocons	1 c. à thé	5 mL
Poudre d'ail	½ c. à thé	2 mL
Sel	1 c. à thé	5 mL
Poivre	¼ c. à thé	1 mL
Sucre granulé	1 c. à thé	5 mL

Parmesan râpé, une pincée

Chauffer le wok à feu mi-fort. Y verser la première quantité d'huile de cuisson. Ajouter le bœuf haché et l'oignon. Faire fricasser en remuant pendant 4 à 5 minutes jusqu'à ce que le bœuf ne soit plus rose. Égoutter.

Verser la seconde quantité d'huile dans le wok chaud. Ajouter les carottes, les pommes de terre, le chou et le céleri. Faire fricasser en remuant pendant 3 minutes.

Ajouter les haricots non égouttés, les tomates, l'eau, la sauce Worcestershire et le bouillon en poudre. Remuer. Porter à ébullition. Laisser bouillir pendant 20 minutes.

Ajouter les 6 prochains ingrédients. Couvrir. Laisser mijoter pendant 20 minutes, jusqu'à ce que les pâtes soient tendres, mais encore fermes.

Répandre du parmesan sur chaque bol de soupe. Donne 2,25 L (9 tasses). Pour 8 personnes.

1 portion : 226 calories; 5,6 g de matières grasses totales; 1 239 mg de sodium; 17 g de protéines; 27 g de glucides; 4 g de fibres alimentaires

Tableaux de mesures

Dans cet ouvrage, les quantités sont données en mesures impériales et métriques. Pour compenser l'écart entre les quantités quand elles sont arrondies, une pleine mesure métrique n'est pas toujours utilisée. La tasse correspond aux huit onces liquides courantes. La température est donnée en degrés Fahrenheit et Celsius. Les dimensions des moules et des récipients sont en pouces et en centimètres ainsi qu'en pintes et en litres. Une table de conversion métrique exacte, avec l'équivalence pratique (mesure courante), suit.

Cuillerées

Mesure courante	Métrique Conversion exacte, en millilitres (mL)	Métrique Mesure standard, en millilitres (mL)
⅛ cuillerée à thé (c. à thé)	0,6 mL	0,5 mL
¼ cuillerée à thé (c. à thé)	1,2 mL	1 mL
½ cuillerée à thé (c. à thé)	2,4 mL	2 mL
1 cuillerée à thé (c. à thé)	4,7 mL	5 mL
2 cuillerées à thé (c. à thé)	9,4 mL	10 mL
1 cuillerée à soupe (c. à soupe)	14,2 mL	15 mL

Tasses

Mesure courante	Métrique Conversion exacte, en millilitres (mL)	Métrique Mesure standard, en millilitres (mL)
¼ tasse (4 c. à soupe)	56,8 mL	60 mL
⅓ tasse (5⅓ c. à soupe)	75,6 mL	75 mL
½ tasse (8 c. à soupe)	113,7 mL	125 mL
⅔ tasse (10⅔ c. à soupe)	151,2 mL	150 mL
¾ tasse (12 c. à soupe)	170,5 mL	175 mL
1 tasse (16 c. à soupe)	227,3 mL	250 mL
4½ tasses	1 022,9 mL	1 000 mL (1 L)

Mesures sèches

Mesure courante, en onces (oz)	Métrique Conversion exacte, en grammes (g)	Métrique Mesure standard en grammes (g)
1 oz	28,3 g	28 g
2 oz	56,7 g	57 g
3 oz	85,0 g	85 g
4 oz	113,4 g	125 g
5 oz	141,7 g	140 g
6 oz	170,1 g	170 g
7 oz	198,4 g	200 g
8 oz	226,8 g	250 g
16 oz	453,6 g	500 g
32 oz	907,2 g	1 000 g (1 kg)

Températures du four

Fahrenheit (°F)	Celsius (°C)
175°	80°
200°	95°
225°	110°
250°	120°
275°	140°
300°	150°
325°	160°
350°	175°
375°	190°
400°	205°
425°	220°
450°	230°
475°	240°
500°	260°

Moules

Mesure courante, en pouces	Métrique, en centimètres
8x8 po	20x20 cm
9x9 po	22x22 cm
9x3 po	22x33 cm
10x15 po	25x38 cm
11x17 po	28x43 cm
8x2 po (rond)	20x5 cm
9x2 po (rond)	22x5 cm
10x4½ po (cheminée)	25x11 cm
8x4x3 po (pain)	20x10x7,5 cm
9x5x3 po (pain)	22x12,5x7,5 cm

Cocottes

CANADA ET GRANDE-BRETAGNE		ÉTATS-UNIS	
Mesure courante	Mesure métrique exacte	Mesure courante	Mesure métrique exacte
1 pte (5 tasses)	1,13 L	1 pte (4 tasses)	900 mL
1½ pte (7½ tasses)	1,69 L	1½ pte (6 tasses)	1,35 L
2 pte (10 tasses)	2,25 L	2 pte (8 tasses)	1,8 L
2½ pte (12½ tasses)	2,81 L	2½ pte (10 tasses)	2,25 L
3 pte (15 tasses)	3,38 L	3 pte (12 tasses)	2,7
4 pte (20 tasses)	4,5 L	4 pte (16 tasses)	3,6 L
5 pte (25 tasses)	5,63 L	5 pte (20 tasses)	4,5 L

Index

A

B

C

153

155

156

Recette-échantillon tirée de

Les grillades

À l'intérieur et à l'extérieur

**Le nouveau titre de la collection
Au goût du jour de Jean Paré :
profitez toute l'année de l'arome et
du goût savoureux des plats grillés**

Côtes canadiennes à l'érable

Le sirop d'érable canadien pur donne le meilleur goût.

Sirop d'érable (ou parfumé à l'érable)	⅔ tasse	150 mL
Cassonade, tassée	2 c. à soupe	30 mL
Ketchup	2 c. à soupe	30 mL
Vinaigre de cidre	4 c. à thé	20 mL
Sauce Worcestershire	4 c. à thé	20 mL
Moutarde préparée	4 c. à thé	20 mL
Sel	1 c. à thé	5 mL
Petites côtes levées de dos (environ 2 carrés)	2½ lb	1,1 kg

Préchauffer le barbecue au réglage fort. Combiner les 7 premiers ingrédients au fouet dans un petit bol. Donne 250 mL (1 tasse) de sauce.

Poser les côtes sur le gril graissé. Les badigeonner de sauce. Les cuire pendant 2 minutes pour les saisir. Les retourner et les badigeonner de nouveau de sauce. Cuire pendant 2 minutes pour les saisir. Ramener la température au réglage moyen. Fermer le barbecue. Cuire pendant 30 à 40 minutes, en retournant les côtes et en les arrosant à plusieurs reprises, jusqu'à ce qu'elles soient glacées et tendres. Jeter le reste de sauce. Pour 4 personnes.

1 portion : 490 calories; 17,8 g de matières grasses totales; 887 mg de sodium; 37 g de protéines; 45 g de glucides; trace de fibres alimentaires

Offre postale exclusive

Liste des livres de cuisine à la page 158

Liste des livres de cuisine à la page 158

Achetez-en 2 obtenez-en 1 GRATUIT!
Achetez 2 livres de cuisine, obtenez GRATUITEMENT un 3e livre de valeur égale ou inférieure au plus bas prix payé.

QUANTITÉ	CODE	TITRE	PRIX AU LIVRE	COÛT TOTAL
			$	$

N'OUBLIEZ PAS
d'indiquer le(s) livres(s) GRATUIT(S).
(voir l'offre exclusive par courrier ci-dessus)

EN LETTRES MOULÉES S.V.P.

NOMBRE TOTAL DE LIVRES (y compris les livres gratuits)

NOMBRE TOTAL DE LIVRES ACHETÉS : $

	TARIF INTERNATIONAL	CANADA ET É.-U.
Frais d'expédition et de manutention (chaque destination)	(un livre) 7,00 $	(1-3 livres) 5,00 $
Livres supplémentaires (Y COMPRIS LES LIVRES GRATUITS)	(2,00 $ le livre) $	(1,00 $ le livre) $
SOUS-TOTAL	$	$
T.P.S. (7%) au Canada seulement		$
MONTANT TOTAL INCLUS	$	$

Conditions

- Les commandes provenant de l'extérieur du Canada **doivent être réglées en devises américaines** par chèque ou mandat tiré sur une banque canadienne ou américaine, ou par carte de crédit.
- Faire le chèque ou le mandat à :
  COMPANY'S COMING PUBLISHING LIMITED
- Les prix sont exprimés en dollars canadiens pour le Canada, en dollars américains pour le tarif international et pour les États-Unis et sont susceptibles de changer sans préavis.
- Les envois sont expédiés par courrier de surface. Pour expédition par service de messageries, prière de consulter notre site Web, **www.companyscoming.com**, ou de demander des renseignements par **téléphone, au (780) 450-6223**, ou **par télécopieur au (780) 450-1857**.
- Désolé, pas de paiement sur livraison.

Offrez le plaisir de la bonne chère

- Laissez-nous vous simplifier la vie!
- Nous expédierons directement, en cadeau de votre part, des livres de cuisine aux destinataires dont vous nous fournissez les noms et adresses.
- N'oubliez pas de préciser le titre des livres que vous voulez offrir à chaque personne.
- Vous pouvez même nous faire parvenir un mot ou une carte à l'intention du destinataire. Nous nous ferons un plaisir de l'inclure avec les livres.
- Les Livres de cuisine Jean Paré font toujours des heureux. Anniversaires, réceptions données en l'honneur d'une future mariée, fête des Mères ou des Pères, l'obtention d'un diplôme...ce ne sont pas les occasions qui manquent. Collectionnez-les tous!

MasterCard ☐   VISA ☐

Date d'expiration

No de compte

Nom du titulaire de la carte

Signature du titulaire de la carte

Adresse du destinataire

Veuillez expédier les livres de cuisine indiqués ci-dessus à :

Nom :

Adresse :

Ville :   Province ou état :

Pays :   Code postal ou zip :

Tél : (   )

Courrier électronique :

Oui! Expédiez-moi un catalogue. ☐ français ☐ anglais

Nous aimerions connaître votre avis!

Nous apprécions vos commentaires et aimerions savoir ce que vous pensez. Nous vous saurions donc gré de prendre quelques instants pour nous donner votre avis et nous vous en remercions.

Combien de repas par semaine préparez-vous à la maison? _____

Combien de fois consultez-vous un livre de cuisine (ou une autre source) pour trouver des recettes?

❑ Tous les jours   ❑ Deux ou trois fois   ❑ Une fois par mois
❑ Quelques fois par semaine   par mois   ❑ Quelques fois par an

Quelles caractéristiques d'une recette jugez-vous les plus importantes? Classez-les en fonction d'une échelle de 1 à 5, 1 étant la caractéristique la plus importante et 5, la moins importante.

_____ Des recettes de tous les jours, à base d'ingrédients de tous les jours

_____ Des recettes pour recevoir des invités

_____ Des recettes faciles, qui se préparent rapidement

_____ Des recettes faibles en gras ou qui comportent une analyse nutritionnelle

_____ La confiance que vous accordez à la qualité des recettes

Qu'est-ce qui vous importe le plus quant au contenu d'un livre de cuisine? Classez vos priorités en ordre de 1 (plus important) à 5 (moins important).

_____ Nombreuses photographies en couleurs des recettes

_____ Information sur les méthodes et renseignements complémentaires

_____ Astuces utiles et conseils sur la cuisine

_____ Information concernant le temps qu'exige la préparation

_____ Information précisant si le plat peut être préparé à l'avance ou surgelé

Quelles caractéristiques d'un livre de cuisine jugez-vous les plus importantes? Classez-les de 1 à 5, 1 étant la caractéristique la plus importante et 5, la moins importante.

_____ Reliure qui s'ouvre à plat   _____ Organisation

_____ Couverture rigide   _____ Index complet

_____ Couverture souple

Combien de livres de cuisine avez-vous achetés cette année? _____
Combien d'entre eux étaient des cadeaux? _____

Groupe d'âge

❑ Moins de 18 ans   ❑ 25 à 34 ans   ❑ 45 à 54 ans   ❑ 65 ans et plus
❑ 18 à 24 ans   ❑ 35 à 44 ans   ❑ 55 à 64 ans

Commentaires supplémentaires sur les thèmes que vous aimeriez trouver dans les collections des Livres de cuisine Jean Paré ou sur les choses que vous appréciez le plus dans un livre de cuisine.

_____

_____

Nous vous remercions de nous avoir fait connaître votre opinion.
Veuillez retourner le présent sondage, par courrier ou par télécopieur, à :
Company's Coming Publishing Limited, 2311 - 96 Street,
Edmonton (Alberta) Canada T6N 1G3 Téléc : (780) 450-1857

Nous sommes à l'écoute

FSF1